N'oublie jamais la saveur de l'aube

Parme Ceriset

N'oublie jamais la saveur de l'aube

Une Amazone contre la mort

Poèmes, textes

©2019 Parme Ceriset

Éditeur : BoD-Books on Demand, 12/14 rond-point des Champs Élysées, 75008 Paris, France
Impression : BoD-Books on Demand, Norderstedt, Allemagne
ISBN : 978-2-322-09092-1
Dépôt légal : juin 2019

*Cueille chaque jour la rosée de la vie, hume la
liberté, n'oublie jamais la saveur de l'aube.*

À TOUS CEUX...

A ceux qui furent mon oxygène...

*A ceux qui m'ont abreuvée,
Aux gouttes de rosée.*

*A ceux qui insufflent la vie,
Au vent des prairies.*

*A ceux qui éclairent le chemin,
Aux premiers rayons du matin.*

*A celle qui éclaire ton cœur,
A celui qui m'inonde de bonheur,
A mes parents, à mon frère, à ma sœur,
A tous les descendants de l'Amour,*

*A ceux qui pourront comprendre
Peut-être,*

*Lui, ma déraisonnable passion,
Et toi, qui jadis parlais ma langue, j'espère que tu
sauras encore la déchiffrer.*

*A la fin de mon temps, je me souviendrai combien
malgré la maladie nous avons aimé vivre,
Et je me ferai croire encore à tout cela,*

A ce mirage d'absolu qui éclaira si souvent mon sentier d'Amazone, d'Amazone de l'espoir, comme tu aimais m'appeler lorsque j'affrontais la mort.

*Tout s'évaporera,
Puis je plongerai dans l'océan du souvenir, et je disparaîtrai dans le flot des vagues.*

*Voici donc cette aventure qui n'est ni tout à fait la mienne, ni tout à fait une autre,
Et voici quelques regards que j'ai croisés sur ma route.
Ils scintillent d'un éclat particulier :
Celui des braises de l'aube.*

AVANT-PROPOS

Libre comme l'art, libre comme l'aube, la plume Amazone

Ma poésie est à mon image, libre comme l'aube, sauvage et indomptable. Je laisse mes mots respirer et ma plume voler où bon lui semble. Tantôt sans foi ni loi, tantôt structurée, elle a mille rivages, mille robes de pluie, de brume et d'étoiles. Mes vers et mes rimes tourbillonnent en toute insouciance dans des volutes de Voie lactée.

Combien de comètes choisissent la voie de leur émancipation, au risque de marcher hors-sentier dans les méandres du cosmos ?

Une citation de René Char qui m'éclaire dans mes ténèbres : « L'impossible, nous ne l'atteignons pas, mais il nous sert de lanterne ».

L'impossible, cet infini à atteindre, ce Graal suprême, à mes yeux, c'est la liberté.

I-
LES BRAISES DE L'ESPOIR

Jadis l'éternité

JADIS L'ÉTERNITÉ

Il est encore brûlant
Le temps de notre Eden,
Cet Eden perdu,
Qui m'a marquée au fer rouge
De ses braises immortelles…
Saurai-je m'émanciper
De ce qui fut,
Jadis,
Notre éternité ?

LES BRAISES DE L'ESPOIR ET DE L'AUBE

Sur le sable mouillé, en lisière des plages,
Papa me souriait de ses yeux gris azur,
Il venait de m'offrir un nouveau coquillage,
Le temps nous observait, et brillait la nature.

Et je m'émerveillais de ce cadeau précieux,
Et le sens de ma vie fut rangé ce jour-là
Dans le cœur de mon père et un coin de ciel bleu
Que j'ai perdu depuis, mais je ne savais pas…

Ma mère enveloppait dans la brume du soir
Les terreurs enfantines de mon petit frère,
Elle offrait à nos vies l'étincelle d'espoir
Qui nous sauvait déjà des brasiers de l'enfer.

Tant d'anges avec eux qui veillaient sur nos vies,
Qui mettaient dans nos rêves de la poudre d'or
Beaucoup ont disparu dans l'insolente nuit,
Qui les a expédiés aux portes de la mort.

L'hécatombe a déjà commencé, c'est certain,
Je me réveillerai, il sera bien trop tard,
Mais un souffle d'espoir éclaire mon chemin,
Comme un oiseau de feu qui brille dans le noir.

Ils sont mon paradis, ces regards éternels,
Plus que tous les trésors ils embrasent la nuit,
Ils brisent le chaos de leurs feux immortels,
Comme braises de l'aube, comme braises de miel.

Ces lumières du temps où coulait l'insouciance,
Ressuscitent parfois aux matinées brumeuses
Les pépites de vie, les flambeaux de jouvence,
Les cascades d'Eden, éternelles, fougueuses.

ENFANCE EVAPORÉE, BRUME DE TILLEUL

Où sont passés ces jours de notre adolescence
Où nous nous réveillions emplis de la clarté
D'un soleil insolent rayonnant d'insouciance ?
C'est dans l'éternité que nous étions plongés...

Te souviens-tu des nuits passées à écouter
Des chansons enivrantes sous le ciel d'été ?
Et ces danses sans fin dans les rues du village...
En compagnie des arbres, nous n'avions pas d'âge.

Le tilleul ancestral insistait bien pourtant
En bougeant ses branches usées devant nos yeux,
Il voulait nous montrer les ravages du temps,
Mais nous ne savions pas, et nous étions heureux.

Notre mère coiffait ses très longs cheveux noirs
En comptant les moineaux perchés sur les gouttières,
Notre père cueillait les framboises du soir,
Tout s'est évaporé, pourtant c'était hier.

SOUFFLE D'AURORE

Depuis les premiers scintillements de l'aube, j'ai marché sur un chemin caillouteux. J'ai avancé dans les méandres du destin, de la maladie qui vivait en moi, et l'enfant que j'étais a appris à l'aimer. Oui, je l'ai aimée cette compagne étrange, car elle faisait partie intégrante de mon être. Elle a forgé mon âme et ma combativité. Je lui dois d'être ce que je suis aujourd'hui, une goutte de passion dans l'océan de la liberté. J'ai grandi entourée d'amour, de regards d'oxygène que je n'oublierai jamais.

J'ai vécu, j'ai voyagé, j'ai aimé, j'ai souffert, j'ai connu des instants de vie d'une incomparable intensité. J'ai étudié la médecine et je l'ai exercée. Pendant quelques saisons, j'ai soigné les corps et les âmes, j'ai offert mes sourires au chevet des mourants.

Ma santé s'est fanée peu à peu, je suis presque morte et j'ai survécu, grâce à des magiciens de l'impossible, et à cet homme qui m'a offert son souffle et que je ne pourrai jamais remercier. J'ai cueilli cette incroyable renaissance, j'ai pu redécouvrir le sens des mots courir et voler.

Puis la vie a entaillé mes ailes. Elle m'a arraché certains êtres qui étaient les piliers de mon Eden de sérénité. Les vagues les ont emportés au loin. De leurs regards, je n'ai gardé que quelques franges d'écume perdues au cœur de l'immensité.

Tu étais à mes côtés lorsque je luttais pour survivre, reliée à ma bonbonne d'oxygène. Aujourd'hui j'écris en mémoire de nous, à l'encre de notre sang.

ÉCUME DE TOI

I-

Je te revois.
Je revois ton visage fouetté par les embruns.
Tu étais là, debout sur ce rocher, à contempler la tombe de Chateaubriand.
Tes cheveux vaporeux flottaient dans la légèreté du soir, dans un nuage d'insouciance.
Tu me souriais, m'inondant de la douce fraîcheur qui émanait de tes yeux en amande.
Tu parlais de la mort.
Tu ne savais pas.
Tu étais un enfant.

II-

Toi, d'autres encore, le temps vous a évaporés.
Et même si depuis, d'autres sourires sont venus me sauver et me faire renaître au bonheur, ces regards disparus me hanteront à jamais. Je les porte en moi comme un fardeau de basalte, un flambeau de lave qui scintille d'une inaltérable passion d'exister, qui éclaire ma route dans les ténèbres dépeuplées.

III-

Sur ce chemin aride, j'ai trouvé des merveilles.
Voici ce que furent mes étoiles, mes trésors, ceux d'une guerrière de l'ombre, cet arc-en-ciel de

souvenirs qui prouve que la vie est belle, et que, quoi qu'il arrive, il faut continuer à l'aimer.

IV-

Je me suis blessée contre les grillages du non-sens, comme la plupart d'entre nous le feront tôt ou tard. Mais la joie jaillit encore au plus profond de moi comme une source d'eau vive, comme un torrent d'éternité.
Mes blessures ont fait de moi une femme libre. Rien n'est plus solide que cette force qui est née de la fragilité.
Alors je me hisse sur mon cheval de lumière, et nous avançons vers le soleil. Nous nous envolons, lui et moi, plumes et crinière au vent. Peut-être irons-nous nous jeter dans l'océan, nous fondre à nos rêves, à nos réminiscences, dans des criques solitaires et des lagons cristallins. Et tant qu'il restera une étincelle d'espoir, nous marcherons vers la vie, vers l'amour, vers la liberté, jusqu'à la fin des temps, entre les herbes de braise, fraîches et scintillantes.

LA MÉMOIRE DES FLOTS

La rivière a emporté les frais galets d'adolescence,
Le sable roux, les grains d'or de nos regards fous,
Ta voix chantante et juvénile
Qui s'est effacée
Comme la complainte du temps
Dans son lit tumultueux...
Et de même les rêves
Qui étaient les nôtres,
Un peu trop indisciplinés,
Echevelés.

VENT DE TOI

Le vent a-t-il vraiment tout effacé de toi ?
A-t-il emporté
Dans les gouffres du temps
Notre histoire givrée ?
Sur les névés des hauts plateaux,
Je l'entends souffler, furieux et indomptable,
Derrière les volets roux du chalet d'alpage.
Il s'insinue obstinément entre les rondins de mélèze
Rougis par les assauts de l'hiver,
Eclairés depuis peu par l'aube douce et délicieuse
Ourlée de rayons roses.

Parviendra-t-il un jour à nous ressusciter,
A faire revivre nos silhouettes sauvages ?
Et ces journées sous des pluies roses,

Lorsque nous marchions main dans la main
Dans l'éternel et délicieux enfer
Du Vercors et de ses hauts plateaux ?

Demain je pars retrouver
Les forêts de l'insouciance,
Ma nature, ma vie,
Ma liberté,
Mon Amour.

Je ne suis, à cœur d'espoir,
Qu'une senteur d'épicéa perdue dans l'Eden mourant.

BRAISES DE VIE

Je veux m'envoler
Par-delà les feuilles d'automne
Des mûriers en cendres,
Par-delà la nuit
Qui a gardé ton sourire
En ses entrailles bleues,
Par-delà le jour
Qui n'a plus d'autre consistance
Que la clarté
Du repos,
Par-delà le temps
Et retrouver les braises d'or
Qui brillaient dans tes yeux
Au temps de l'insouciance,
Au temps de notre Eden.

DESTIN D'AMAZONE

Les murs de rêves se sont écroulés,
La tempête a emporté nos joies,
Mais l'aube s'est levée,
Elle m'a souri
Et je suis restée.

Le temps a arraché des âmes
Qui étaient mon oasis de bonheur,
Il a tout emporté dans l'ouragan du souvenir
Mais les étoiles ont inventé de nouveaux rêves,
Je leur ai souri.

Je suis restée seule, debout,
Au milieu des décombres
De mon existence passée…
Alors j'ai regardé le ciel,
J'ai humé l'espoir
Et j'ai senti naître mes ailes.
Il me restait ma liberté,
Du moins une part de celle-ci,
J'avais embrassé mon destin,
J'étais devenue une Amazone.

FEMME-OISEAU

J'ai ouvert un à un les barreaux de la cage
Qui enfermaient mon cœur et mon âme embrumée,
J'ai déployé mes ailes aux vastes paysages,
J'ai humé les nuages et l'air de liberté…

Je me suis envolée vers l'océan du temps,
Cet espace infini de tous les horizons,
J'ai cueilli les regards des amis, des amants,
Aux firmaments heureux étoilés de passion…

Aujourd'hui ces regards
Me bercent, m'accompagnent,
Mais je reste une femme-oiseau insaisissable,
Ma vie, ma liberté, c'est celle des montagnes
L'infini me sourit, il est inégalable…

LA QUÊTE DE SENS

Dans ma robe de sang et de velours,
Je ne cherche à plaire qu'aux étoiles
Qui m'éclairent au plus profond des ténèbres.
Mes angoisses, elles les comblent,
Mes questions, elles y répondent,
Elles que j'ai dessinées sur la grande toile du néant.
Elles valent bien mieux que toutes les aides,
Que tous les discours,
Elles embrasent mon esprit,
Elles me réchauffent,
Elles éloignent les nuages et les ombres,
Elles créent du sens,
Elles dessinent au-dessus de la mort une auréole d'espoir.

AUBE LIBRE

Ce matin, je suis libre.
J'ai l'impression de l'avoir toujours été…
Depuis la première heure de l'aube,
Depuis le chant du coq insolent,
Depuis les brumes savoureuses
Qui ont irrigué mon âme sauvage.

Je suis libre
Depuis le premier rayon de vie,
Depuis le premier flocon d'espoir,
Depuis la première odeur de mort
Que j'ai surmontée…

Je suis libre
Depuis tous ces combats
Qui ont forgé mon esprit fou,
Fou de vivre, fou d'aimer la vie
Aussi passionnément
Malgré toutes ces épines
Sur le chemin de mes rêves
Qui ont lacéré mes pieds.

Je suis libre,
Entends-tu le cri des étoiles
Qui clament mon émancipation du monde ?
Elles meurent sous les assauts de l'aube
Cruelle et indomptable.

Je suis libre,

J'ai construit sur un nuage
L'immense empire de mes idéaux,
Au sang de ma plume,
A l'encre de mes veines,
Et rien ne peut l'atteindre
Pas même le destin…

Tu m'y rejoins souvent
Et je t'accueille encore,
Chaque jour,
Avec le même émerveillement.

CHEMIN DE TOI

J'ai laissé une partie de nous
Sur ces pierres calcaires
Que nous piétinions,
Sur les herbes hautes
De ces champs de blés murs.
Nous sommes morts toi et moi,
Une partie de mon âme est restée sur ce chemin.
Tu ne m'as pas oubliée,
Je ne t'ai pas oublié,
Mais le vent a dressé entre nos vies des haies de mistral brûlantes.
Nous sommes devenus amis de résistance.
Le jour où j'irai rejoindre les ombres,
Tu ne seras pas là pour me tenir la main.
Puis tu m'appelleras au cœur des ténèbres,
Mais les pierres ne renverront que l'écho interminable de ceux que nous étions.

LES BRAISES DE L'ESPOIR

Il reviendra un jour
Le temps de notre Eden.
Comme un phénix d'espoir,
Il renaîtra de ses braises,
Plus flamboyant encore
Qu'aux premiers éclats de l'aube.

II-
UNE AMAZONE CONTRE LA MORT

Guerrière de l'ombre

L'AMAZONE DE L'ESPOIR, GUERRIÈRE DE L'OMBRE

Nous disparaîtrons.
Mais tout ne s'effacera pas.
Ce combat de l'ombre,
Les années sous oxygène,
La longue attente du greffon puis la renaissance,
Tous ces instants demeureront,
Ils seront notre signature devant l'infini,
La plume brûlante de passion
D'une Amazone contre la mort.

L'ESPOIR DANS LES VEINES

Je suis née sous le signe de la différence,
D'une maladie rare qui brûlait en moi,
Je fus soignée par des éclats d'aurore,
Des perfusions d'arc-en-ciel.
C'était l'espoir que l'on injectait dans mes veines,
Depuis l'espoir coule au plus profond de moi.

UNE BOUFFÉE DE RÊVE

Je te disais :
« Rêvons,
Mes poumons enfumés t'offrent une bouffée d'utopie.
Accepte mes larmes d'espoir,
Elles viennent du cœur.
Ce n'est pas la mer à boire,
Ce n'est que l'écume
Des rêves d'éternité.
Le soir, tu cueilleras la joie sur mes lèvres et je lirai la foi dans tes yeux.
Tu m'aideras à moins haïr la mort.
Le matin, nous boirons les étoiles des fleurs, perles de la rosée, au sein d'une nouvelle aurore. »

DANSE CONTRE LA MORT

Quelques notes de musique,
Un peu d'extravagance,
Et les masques folkloriques entrent en danse...
Ils entrent dans la vie comme on entre sur scène,
Ils masquent pour aujourd'hui la condition humaine.

Ils dévoilent la peur qu'ils tentent de cacher,
Font le choix de danser alors qu'ils se meurent...

Ils dansent toutes les nuits, à la vie, à l'amour,
Ils dansent toute la vie
Pour croire que c'est toujours.
Ils ne se sourient pas,
Se parlent par des signes,
Ils veulent se montrer dignes
Pour célébrer cela.

Ils dansent à la vie, ils dansent contre le sort...
Leur instinct de survie nargue la mort.
Leurs couleurs splendides,
La musique enivrante,
Dépassent l'épouvante
De leur peur du vide.

Ils sont la beauté et la mélancolie
De l'amour menacé,
De l'amour rebelle
Qui devient éternel
Lorsqu'il est condamné.

Le chevalier d'acier sous le pont des soupirs
Trouve en sa bien-aimée le regard complice
Qui lui fait accepter leur destinée « supplice »
Et qui les fait s'aimer en attendant le pire...

ROSE ASSOUPIE

A l'aube de toujours, elle repose, assoupie.
Elle saigne de l'amour qui incarnait sa vie,
Perdue à tout jamais dans sa robe soyeuse
Celle du bel été où elle était heureuse.

Cet été où elle avait scintillé de champagne,
Ces nuits étoilées dans la campagne...
Elle avait brandi la coupe de vie qui irisait le monde,
Qui paraît d'éternité la mappemonde.

La nuit étincelait du regard de ses proches,
La lune illuminait les étoiles qu'on décroche
Une fois dans sa vie, au rythme mélodieux
Des pas de danse des jours heureux.

Depuis quelques temps, donc, elle est assoupie,
Depuis peu, depuis tant de temps que je ne sais plus,
Où est-elle à présent que le flot de sa vie
S'en est allé vers des contrées inconnues ?

Ses couleurs se fondent au soleil couchant,
Elle est assoupie, mais pour combien de temps ?

Notre chance ne passe qu'une fois,
Elle n'aura plus jamais vingt ans,
Elle n'aura plus jamais le temps
De revivre cette histoire-là.

Elle n'aura plus jamais de larmes
En rencontrant cet homme-là,
Ne vivra plus entre ses bras
Des romances parme.

Elle n'aura plus jamais l'espoir
De ce qu'aurait été sa vie
Si elle la revivait ce soir
À la lumière d'une nuit…

Et où iront ses souvenirs
Qui ont construit son existence
Et qui lui ont offert la chance
De vivre avant de mourir ?

LA MÉSANGE ET L'ATTENTE

I-

Et la pluie qui verdit les rebords de mon être,
Qui ouvre sa rosée et qui s'épanouit,
Qui mouille les allées de mes peurs enfouies,
Se fait potion de vie, mélancolie peut-être.

Et les plumes bleutées de la frêle mésange
Qui se pose souvent aux rebords de mon âme
Pour se désaltérer des perles de mes larmes,
Illuminer mon ciel de sa douce voix d'ange,

Reviendront-elles pour ainsi me rafraîchir
De mes vieilles angoisses et peurs légendaires,
Du feu de l'attente qui brûle en mes artères,
Pour me nourrir encore d'un peu de fantaisie,
D'un peu de l'élixir de leur parfum de nuit
Qui m'ancre dans la vie, m'empêchant de mourir ?

II-

Une heure, fines pattes des papillons bleus,
Deux heures, nectariniers déchirant l'azur,
Trois heures, escargots rayés sur un mur,
Quatre heures, goûter des amoureux.

Une minute, je tremble et j'ai peur,
Deux minutes, buis et lavande sauvage,

Trois minutes, verts pâturages,
Six minutes, tartines de beurre.

Une seconde, champs de foin dorés
Deux secondes, je ne tiens plus,
Trois secondes, va-t-elle me dévorer
Cette angoisse qui me tue ?

Une heure et je recommence,
Ce foutu temps, j'arriverai à le tuer,
Ou bien me tuera-t-il sans me laisser de chance ?
Vais-je désespérer ?

SŒUR ALLIÉE, SŒUR DE BRUME

Debout sur les toits, elle guette l'aurore,
Elle marche sur les pas d'ombres rosées,
Il pleut dehors.
Aux frontières du rêve,
Elle attend,
Ses grands yeux roux absorbent le réel,
Défient le temps.
Le cosmos berce ses cheveux libres,
Délice azuré,
Elle sculpte un mirage qui rend ivre,
Qui fait vibrer.
Des mondes naissent sous ses doigts
Des terres argileuses,
Des nuances d'eau duveteuses,
L'art est sa foi.

ALLIÉS DE VIE

Sous la voûte de vie étoilée, je marcherai vers
l'avenir.
Je n'oublierai pas ces regards qui me sauvaient
Dans les abysses désoxygénées
Où la menace enfermait
Nos rêves de vie émiettés.

Tu fus l'un de mes sauveurs.
Tu me tendais ta main alliée,

Alliée de vie, âme presque sœur,
Me délivrant de l'horreur
Par cette complicité innée
Qui réunissait
Nos âmes d'enfants en quête de sens,
Nos amours de la vie,
Nos rêves en errance,
Nos regards de brume étoilée
Qui scintillaient d'espoir
Comme des fragments de Voie lactée.

*Ils ont tenu ma main
Lorsque personne n'était disponible,
Ils ont bravé le destin,
Même lorsque c'était impossible…*

LE SAUVEUR DE L'OMBRE

Il y a presque dix ans, j'ai cueilli l'espérance
D'une aurore bleutée que le destin m'offrait,
Dans les pétales doux d'un fruit de renaissance,
Fruit de mort, fruit de vie, qui sombre et qui renaît.

Toi dont le souffle éteint ressuscite en mon cœur,
Toi qui scintilles en moi depuis que tu y dors,
Toi qui ne connaitras plus jamais la saveur
De l'aube qui embrume les champs de grains d'or,

C'est à toi que je dois tous ces instants volés,
Tous ces éclats de vie et de Carpe Diem,
Ce sursis si précieux que je t'ai dérobé,
Toi qui m'offris ta vie, souviens-toi que je t'aime.

Même s'il y a des jours où tout n'est pas facile,
Où la vie évapore nos rêves fragiles,
Je te sens déployer tes ailes de sauveur,
Toi, le phénix, roi de mes nuits de terreur.

Toi le donneur de vie, je ne pourrai jamais
Te prendre dans mes bras pour te remercier,
Car tu t'es envolé vers un autre rivage,
Dans un monde meilleur, vers d'autres paysages.

Toi le héros secret, tu n'avais pas choisi
De mourir ce jour-là et de sauver des vies,
Tu brilles en moi comme un oiseau de paradis,
Comme l'étoile meurt et renaît dans la nuit.

BOUGIES DE NUIT

En mémoire de ton âme, je choisis d'éclairer

De mille fleurs les barreaux de ma bulle,
De mille paillettes les grains du sablier
Qui me font croire en mes espoirs ridicules,
Qui brûlent de cette passion d'exister.

Et qu'il soit dit aux nuits, aux étoiles filantes
Que tu réussiras à tout illuminer
De ta lueur étrange de lave « amarante »,
Tu sauras me convaincre de continuer,

Qu'il soit dit et écrit que j'ai aimé la vie
Dans ces abysses sombres, parsemées d'épines,
Dans ce chaos jonché de buissons d'églantines,
Qu'il soit dit aux étoiles que j'ai rayonné.

Je fête aujourd'hui l'éphémère renaissance :
Les iris flamboient dans la nuit,
Comme une délicieuse odeur de miel au réveil.

Nous sommes tous des bougies, le temps nous éteindra, mais nous aurons brillé.

EN REVENANT DE LA MORT, LES FLEURS DE L'AUBE

En revenant de la mort,
Un parfum de mimosa,
Un grain de raisin noir qui croque sous la dent
Et délivre sa chair sucrée et juteuse,
Sa sève violette
Qui offre à nos sens
L'extase suprême.
Les fleurs bleutées de l'arbre égrènent des morceaux d'azur, des pépites d'Eden.

CRI DE VIE

Bien sûr je pourrais vous conter
Des histoires d'ombres, de mort et de souffrance,
J'en ai plein la rétine et plein mes tiroirs,
Plein mon cœur auquel se confiaient les blessés
De retour des zones de conflit,
Plein les fibres de ma blouse d' hôpital,
Celle que je portais
Pour soigner les corps meurtris…

Bien sûr je pourrais vous décrire
L'horreur des regards éteints,
Des cadavres gris et glauques
Que je ramassais au petit matin
Lorsqu'ils avaient lutté de tout leur être
En vain,
Dans leur ultime agonie…

Bien sûr je pourrais vous parler
Du grand couloir de l'enfer
Que j'ai traversé
Avant de renaître,
Tous ces instants gravés au fer rouge,
Oui, je pourrais les décrire,

Mais je préfère écrire LA VIE,
Crier cette passion brûlante,
Celle qui renaîtra toujours des souterrains de
l'infâme,
Celle qui flambe d'éclats d'or dans la campagne,

Celle qui se répand dans les parfums de fruits et de fleurs,
Dans la brume indigo de tous les crépuscules,
Celle qui vaincra à l'infini et contre tous les drames.

Viens, toi que j'ai croisé aux souterrains de la mort,
Je t'attends dans ma robe de sang et de velours,
Allons peindre l'amour avant la nuit
Dans l'eau sacrée de la mer étoilée d'espoir,
Tu n'as encore rien vu, rien vécu, rien essayé,
Sous le soleil meurtri saignant de mille blessures,
Exprime en moi ta fougue comme un rugissement désespéré,
Fais trembler les murs du temps,
Que ta rivière signe en moi notre dernière insouciance,
Notre mirage de vie devant le firmament…

ÊTRE UNE AMAZONE

Être une Amazone,
C'est marcher nue, sans armure, sur les tapis de
braises brûlantes,
C'est avancer âme et cheveux au vent,
Au cœur des ouragans meurtriers,
Avec pour seule arme une rose parme
Entre mes lèvres carminées.

Être une Amazone,
C'est ne pas cacher mes blessures,
Arborer fièrement mes cicatrices,
Mais rester digne,
En dépit des fléaux de la mort et du temps
Qui ravagent tout…

Être une Amazone,
C'est rester humble
Dans ses combats,
Savoir que rien n'est jamais gagné d'avance,
Combattre pour les autres
Avant de combattre pour soi.

Être une Amazone,
C'est avoir pour seul guide le vent,
L'aube scintillante et les étoiles,
Et l'amour chevillé à l'âme,
Irrémédiablement.

LE SECRET DES FLOTS

C'est la colère des flots
Qui m'a ramenée sur la rive,
Les cheveux en rivière et le corps médusé.
Mon salut, je le dois aux cormorans...
Leurs cris plaintifs ont ordonné
Aux étoiles de mer
D'unir leurs bras spongieux
Pour former mon radeau céleste.

A la lisière de l'écume,
J'ai aperçu le regard d'un ange
Scintillant de paillettes ultramarines,
Il m'a dit bonjour et Adieu
Et je suis revenue à la vie...

NOËL EN GEÔLE BLANCHE

Noël il y a dix ans, je sortais de l'enfer
Des débuts périlleux de ma seconde vie,
Déjà tant de semaines passées dans la nuit
Dans cette geôle blanche et ce grand lit de fer.

Tu fus autorisé à rester avec moi,
Tu dormais dans un lit placé tout près du mien,
Lorsque je m'éveillais, tu me tenais la main,
Tu avais apporté des paillettes de joie.

Et Noël scintillait au cœur de ton regard,
Plus que mille guirlandes, aux couleurs de vie
Tu m'avais apporté des livres, des biscuits
Quelques pinceaux aussi, et même quelques toiles,
Mais ton sourire était ma plus précieuse étoile,
Nous avancions sereins vers un nouveau départ.

HÉROÏNES DE L'OMBRE, AMAZONES DES ABYSSES

I-

Il n'y a plus de vie aux couloirs du non-sens
Hier, j'ai fait un pèlerinage.
Je vous ai vues,
Vous, mes amies de l'enfer,
Amazones des abysses,
Héroïnes de l'ombre, guerrières du chaos...

II-

Vous, debout sur le pont du bateau des malades,
Crinières au vent,
Les joues fouettées par les assauts de la mort.
Athéna brille en vous d'une flamme rebelle,
Vous êtes là,
Regards conquérants qui se cachent pour pleurer,
Vous êtes là, fières, debout,
Luttant contre l'adversité.

III-

Dans la tempête, sous les orages, vous veillez encore.
Vos proches ne savent rien de la douleur que vous endurez.
Qu'ils vous aiment !
Qu'ils vous protègent

Comme des princesses de l'ombre dont le sang
bleu nuit
Coule dans la neige immaculée
Des normes et des apparences.
Guerrières,
Rien ni personne ne vous comprendra jamais.

Fragiles,
Vous brandissez votre bouteille d'oxygène
Et vous portez le monde à bout de bras
Mais pour combien de temps ?

SŒURS DE COMBAT, MAGICIENNES DE L'ESPOIR

Elles savent bien que la vie n'est pas toujours rose,
Que les nuages la nuit ouvrent leurs gueules de gorgones
Pour cracher le feu du néant sur le monde qui se repose
Et répandre leurs nuées de non-sens et de mort…

Elles savent bien que les matins sont parfois maussades,
Que toutes les aurores ne sont pas tissées de rêve
Elles savent que certains jours sont pluvieux et fades,
Mais elles choisissent de peindre l'espoir en lettres d'or.

Elles savent bien que certaines nuits ne sont que souffrance,
Elles sentent leurs douleurs sourdes qui se réveillent,
Mais elles prennent de la distance,
Elles s'envolent,
À dos de météores,
Pour rejoindre l'arc-en-ciel.

PÉPITES D'ENCORE

Je veux que l'on me donne
Quelques secondes de plus
Pour humer le souffle bleu des étoiles
Et leurs paillettes qui flambent
Dans leur robe d'argent
Avant que tout s'éteigne…

Je veux que l'on me laisse
Célébrer une dernière fois
L'amour sur cette plage nue,
Dans les bras de l'Éros d'un soir
Habillée d'écume embrasée
Au soleil couchant…

Je veux que l'on m'offre
Une seconde enfance
Pour tout redécouvrir
Et pour m'émerveiller à nouveau
De chaque pépite de lumière,
Pour cueillir avec toi
Les fleurs folles du cerisier rose,
Pour te sourire
Comme on sourit à la vie,
Comme si c'était la dernière fois,
Comme si c'était la première fois…

NUIT DES VIES

Bruissement bleuté de ses ailes balbutiantes,
La nuit des vies prend naissance en ce lieu,
Où rien n'est pire, où rien n'est mieux,
Où s'évadent les âmes mourantes.

La nuit des vies fait s'éteindre les étoiles
Que sacrifie la cruauté,
Leur destin n'était pas d'avoir mal,
Ni d'être assassinées.
La nuit embrase les roses
Couleur de temps
Qui meurent en osmose
Avec le firmament

Saignant de leur sève rubis,
Déversant sur le gravier
L'univers éphémère, et la vie
Qui fut leur éternité.

Une passante a survécu aux combats,
Elle ignore comment, elle ignore pourquoi
Quand l'espoir a fui, l'amour espère encore…

Et elle déploie ses ailes de phénix qui renaît,
Qui renaît de l'horreur qui avait tout détruit,
Qui renaît des malheurs qui étouffent l'espoir,
Qui renaît chaque jour comme un instinct de vie,
Comme un oiseau de feu qui flambe dans le noir.

RÉSISTER

Je hume le vent sur les hauts plateaux du Vercors,
Haut lieu de la résistance,
D'autres êtres attendent d'être sauvés
Par une telle greffe de vie…
J'ai remporté une bataille
Mais je ne crie jamais victoire,
D'autres me regardent,
Le sablier nous a tous condamnés…
Vous comptez les jours,
Je compte les nuits qui nous séparent du néant.
Jusqu'à la dernière heure,
Vous souriez pour donner le change,
Vous cachez votre souffrance
Derrière vos yeux embrumés.
Vous luttez, à chaque instant,
Pour rester belles, féminines
En dépit des traitements,
De la gravité de votre état.
Vous ne vous plaignez pas,
Vous ne confiez pas ces choses-là…
Car vous êtes dignes,
Mais le monde ne l'est pas.

ACTE DE RÉSISTANCE

Résister, vivre, arborer entre ses lèvres la rose du firmament. Un abîme, un mont, un pétale enflammé, une étoile ivre, un tourbillon d'espoir ? On peut bien essayer de la définir de mille et une façons, la vie ne tiendra jamais dans une case sémantique. Vie et mort sont les jumelles d'une seule et même entité. La passion est la sœur flamboyante de l'espoir.

La poésie est un acte de résistance contre le non-sens et la mort.

FLAMME DE L'ESPOIR

L'espoir est ce qui fait scintiller
De cette flamme qui embrase la nuit,
De cette étincelle de vie,
De cette passion d'exister.

L'ALTER HÉROS DES ABYSSES

Je n'ai pas oublié
L'alter héros des abysses,
Le regard étoilé
Qui me délivrait chaque jour
De ma geôle de métal,
La présence solaire
Qui m'enracinait à la vie.
Le temps s'est écoulé,
Les vagues ont emporté nos rêves,
Seule est restée l'écume,
Bouillonnement immaculé de nos âmes
Qui imprime sur le sable brûlant
Son imperceptible mémoire de nous.
Quand tout sera fini,
Quand la nuit déposera sur le monde endormi sa grande cape bleue,
Quand le vent soufflera pour effacer les plaines,
Je te retrouverai à l'autre bout du bois,
Je te raconterai cette drôle d'histoire qui s'est écrite sans nous
D'un bout à l'autre de la table du destin,
La table de la loi,
La table des rois déchus.
Nous nous regarderons une dernière fois,
Comme le yin que la vie aurait séparé du yang,
La boucle sera bouclée,
Nous pourrons mourir
Chacun à une extrémité du monde,
Les lianes retrouveront le chemin de nos cendres.

III-
ÉCUME DE NOUS

Au temps de notre Eden

ÉCUME DE TOI

Je te revois,
Ton visage fouetté par les embruns,
Tu étais là,
Debout sur ce rocher, à contempler la tombe de
Chateaubriand.
Tes cheveux vaporeux flottaient dans la légèreté
du soir, dans un nuage d'insouciance.
Tu me souriais,
M'inondant de la douce fraîcheur qui émanait de
tes yeux en amande.
Tu parlais de la mort.
Tu ne savais pas.
Tu étais un enfant.

BRAISES DE MIEL, ÉTINCELLES DE TOI

Tu arpentais le jardin d'Eden
En bondissant tel un cabri,
Tu te hissais dans le figuier
Pour décrocher quelques trésors
Encore étincelants de rosée.

La vie était cachée ici,
Au plus profond des fruits trop mûrs.
Ton regard était un délice
De malice et d'adolescence.

Ces étincelles de toi
Brûlent en mon cœur
Comme des braises de miel,
Comme des fruits de rêve et d'espoir.

AMI D'IDYLLE, ALLIÉ DE VIE

Ce grand train du néant qui m'arrache à ton âme,
C'est l'esclave du temps, c'est l'esclave du vent.
Je te vois m'oublier en ravalant tes larmes,
Tu m'as presque effacée pour t'en sortir vivant.

Et pourtant tu es là, tu cries et tu m'appelles,
Toi l'amour de jadis devenu mon ami,
Comme si le passé saignait encore la nuit
Dans les fantômes morts de nos âmes rebelles.

Alors nous marcherons côte à côte à jamais,
Comme deux alliés ayant connu l'enfer
Puis la mort sonnera et dans l'ombre de jais,
Nous ressusciterons les regards d'hier…

Ceux des adolescents rieurs que nous étions
Lorsque nous ne savions presque rien de la vie,
Tu faisais s'envoler dessus la haie fleurie
Ta balançoire bleue, là-haut, vers l'horizon.

Ami, toi l'ancien roi de mes larmes d'antan,
De mes rires aussi, éclats d'éternité,
Ne prends jamais le train qui efface le temps,
Regarde nos fantômes, ils ont l'air de s'aimer.

RÉMINISCENCES DE PRINTEMPS

Ce matin, au jardin, le mistral était fou
Il a ressuscité l'âme des temps perdus,
Te souviens-tu l'ami des écureuils roux
Qui volaient d'arbre en arbre et à perte de vue ?

Nous paressions à l'ombre des platanes sourds
Qui ne comprenaient rien à nos jeux amoureux,
C'était de l'insouciance et c'était de l'amour
Que nous découvrions dans ce grand hamac bleu.

Bien des années plus tard, tu m'as tenu la main
Non pour m'émerveiller mais pour me soutenir,
Dans cette brume en sang où j'ai failli mourir,
Tu m'as presque sauvée des griffes du destin.

Mais en ces temps lointains nous n'en étions pas là,
Nous paressions à l'ombre du grand magnolia
Dont les fleurs exhalaient un parfum de gaieté,
Le sucre du matin dans les brumes d'été.

Les merles et mésanges berçaient nos joies douces,
Nous étions fous de vivre et ivres de gaieté,
Maintenant que le temps a tout évaporé,
Je t'aperçois le soir sur les collines rousses

Qu'éclaire le couchant de nos réminiscences
Comme pour les faire naître une dernière fois,
Même si le destin a brisé la romance,
Rien ne t'effacera, tu es toujours en moi.

Ce n'est plus de l'amour qui palpite en mon être
Lorsque j'entends ton nom résonner en silence,
C'est bien de l'amitié et du printemps je pense,
Qui crie que tu es là, ton cœur à ma fenêtre.

BOUTEILLE D'ÉCUME

Quelques siècles plus tôt dans notre éternité,
Nous dérivions dans cette bouteille rose,
Naviguant au gré des vagues,
Sur l'océan des rêves...

Que reste-t-il de nous ?
Il reste cette gaieté,
Cette allégresse
Qui emplissait nos yeux d'ivresse,
Il reste toute la poussière
Que l'on respire en prenant l'air
Et qui est l'âme du passé
Qui n'a jamais vraiment cessé...

NOS RIRES DORMENT

Dans la colline battue par les vents,
Rien n'a vraiment changé depuis l'aube,
Les blés sont toujours ces mille vagues d'or
Fouettées par un mistral insolent.
La toile du ciel, épouse du temps, porte la même
robe d'azur.
Seuls manquent au décor nos rires d'adolescents.
Nous marchions sur les chemins de la jeunesse,
Le temps nous a effacés,
Mais nos silhouettes rient encore,
Comme deux enfants cueillant des tournesols,
Qui ignorent
Que le destin les a déjà condamnés.

EFFLUVES ROUSSES

Voyage dans le temps,
Délire d'épices,
Délices roux,
Matin fou,
Midi d'été gourmand,
Maman a cuisiné des brochettes de légumes...
J'ai dix ans,
De la porte de cuisine mi-close s'évade un nuage de paprika.

T'ATTENDRE

T'attendre
Dans les plaines arides des hauts plateaux de
l'âme,
Là où le soleil fou brûle tous les Icares…

T'attendre
Entre les rochers blancs semés à l'infini
Par l'homme qui voulait se perdre dans la nuit…

T'attendre
Fouettée par le vent frais qui éveille mes sens
Et qui a emporté tous ce que nous étions…

T'attendre
Au creux des herbes rousses brûlées par le temps
Qui me raconteront nos plaies d'adolescents,
Et cet amour de feu qui embrasait nos cœurs,
Te souviens-tu, l'ami, nos fantômes demeurent…

« TOI » DE BRUME

Dans le silence des hauts plateaux,
Le vent berce les conifères
De ses vagues indifférentes
Qui défient le temps.

Le temps me parle de toi,
L'ami de l'adolescence,
La robe des grands sapins
M'inonde de tes yeux verts.

La brume vient de se lever,
Je m'étire dans l'herbe fraîche,
Le ruisseau de jadis a gelé,
Nos vies se sont évaporées.

La rosée caresse ma peau
Comme jadis coulaient
Tes larmes dans mes mains,
Lorsque je te quittais.

Aujourd'hui je suis damnée
Pour t'avoir délaissé, mon âme…
Est-ce le prix de ma liberté ?
Tout me parle de toi.

Toi de mon ancien monde,
Je t'aperçois,
Sur les monts brisés
Des toits du monde…

AU TEMPS DE NOTRE EDEN, ÉCUME DE JOIE

La vie n'a plus le goût des Monts
Où nous marchions entre les bouses
En riant sous le soleil blond
La nuit, sous la lune jalouse

De nos éclats de joie rubis
Qui claquaient sous nos pas d'écume,
Nous avons péri dans le lit
Du temps et de ses draps de brume.

Tu étais mon premier amour,
Aujourd'hui je marche sans toi,
Mes rêves sont devenus sourds,
Je dois réinventer la joie.

ÉCLAT DE LUMIÈRE

Il n'y a nul autre lieu au monde
Où la lumière a cet éclat,
Cette lumière blonde qui traverse les pétales mauves
Des violettes
Qui saignent encore de nos souvenirs enfuis.

Inégalables,

Ces pépites d'or et de rêve qui éclairent les
feuilles vertes
De mille nuances de feu, de curry et de passion,
D'épices safranées de miel en pluie de toutes
joies offertes.

ÉCUME D'ART, PLUME DE LIBERTÉ, LA PLUME AMAZONE

J'écris depuis toujours, sur le sable, les nuages et les étoiles, ma plume est mon flambeau de liberté…

Sous les doigts effilés qui caressent ma plume,
Je sens vibrer un pouls, comme un cœur qui bat,
C'est comme un autre moi qui brille dans la brume,
Un soleil de mon âme embrasé de grenat.

Ma plume vole aux vents des quatre coins du monde,
Ma plume est indocile et n'a ni foi ni loi,
Elle est impertinente, et elle est vagabonde,
Ma plume a son regard et ses propres émois.

Ma plume est effrontée, ma plume est amoureuse,
Elle a mille regards qui éclairent ses jours,
Elle a mille rivages, elle est aventureuse,
Elle est indépendante et libre pour toujours.

Elle est parfois trahie et même détournée,
Chacun peut lui faire dire sa propre vérité,
Peu m'importe ensuite ce que l'on en fera,
Car ma plume est sincère et ne se taira pas.

Ma plume est passionnée mais elle est ténébreuse,
Elle ne s'abreuve pas aux eaux douces et légères,
Elle est de ces princesses indociles, fougueuses,
Elle puise sa joie aux portes de l'enfer.

Elle puise ses mots à l'encre de passion,
Elle écrit sur ton corps les frissons de l'extase,
De ceux qui font frémir d'une lave en fusion,
De ceux qui, de la mort, savent faire table rase.

Oui je suis cette plume d'oiseau libéré,
Cet oiseau de forêt qui écrit en osmose
Avec l'eau des rivières, le soleil d'été,
De ces plumes au parfum de piment et de rose.

Une plume greffée qui souffle sur la toile,
L'aube délicieuse et le couchant d'or jaune,
Les champs de blé, la nuit, le vent et les étoiles,
Une plume rebelle, une plume Amazone.

Une plume engagée dans le rêve humaniste,
Un fruit pulpeux cueilli sur l'arbre, au verger noir,
Qui crie dans le néant ses pensées utopistes,
Pour faire gagner la vie et triompher l'espoir.

N'OUBLIE JAMAIS LA SAVEUR DE L'AUBE

Je me réveillais, j'ouvrais les volets verts et l'aube entrait dans mes poumons.
Je la poursuivais sur la terrasse, dans la clarté parme et suave qui inondait le jardin.
Au loin, une ou deux étoiles scintillaient encore, dans un ultime embrasement.
L'aube étincelait en moi.
Elle inondait l'intérieur de mes bronches de ses innombrables saveurs, tout était immergé et imprégné de cette délicieuse infusion de lavande sauvage, de chèvrefeuille, de buis, de thym, de menthe et d'acacia.
Tu me rejoignais. Te souviens-tu ?
Et nous humions en osmose cette délicieuse potion d'extase sensorielle.
En journée, nous allions nous baigner dans les vasques turquoise, entre les rochers blancs, au cœur des clairières sauvages. Ton regard scintillait d'éternité.
Nous étions fous, fous d'ivresse et d'insouciance, éternellement jeunes.
Depuis, le temps a coulé sur le bonheur.
N'oublie jamais la saveur de l'aube.

CETTE MORT QUI ME TUERA

Un jour je me réveillerai et ils seront morts,
De cette mort qui m'achèvera,
De cette mort qui m'assassinera,
De cette mort qui me tuera.

L'AUBERGE D'EDEN

Tu roulais en direction de l'auberge des dauphins,
Notre chienne était heureuse,
Elle avait rapporté
Les bâtons lancés dans la rivière,
Elle était trempée
Jusqu'à l'os,
Sa fourrure dégoulinait
De yin et de yang.
Tu te frottais les mains,
Le soleil éclatait,
Les papillons roux
Dansaient en rougeoyant
Sous le soleil fou,
Le vert verdissait
Sur les arbres bordant
La route du bonheur,
Puis nous nous arrêtions
A la première clairière,
Le sable blanc serein
Tapissait le sentier
De notre amour sans fin.

IRREMPLAÇABLES

Irremplaçables,
Ces moments perdus dans l'air du temps,
Irremplaçable,
Ce temps du bonheur insouciant.
Pourtant…
Nous l'avons enterré.

EDEN DE NEIGE

Tu te levais,
La neige avait tout englouti du réel,
Tu ouvrais les volets,
Le sol trônait alors
A hauteur de nos yeux…
Au salon,
Nos rêves sentaient le pain frais,
Je croquais tes lèvres,
Tu me dévorais des yeux.
Tu t'employais à construire un igloo,
Je te traitais de fou :
-Mais que va-t-on manger ?
-Des bûches de bois vert, me répondais-tu, des pépites de soleil, mets tes raquettes !
Puis tu me poussais dans la neige
Pour me défier,
Nous étions fous, c'est vrai, ivres de liberté.

SOUPE ORANGE

Qu'il était bon d'enjamber les hérissons
Pour aller déguster la soupe orange,
L'élixir des anges,
Ce délicieux poison
De la dépendance au bonheur.

Y as-tu cru l'ami
Que cela durerait
Une éternité ?
Si nous avions su…

Qu'il était bon d'entendre le rire
De nos aïeux
De peindre des œufs colorés selon nos délires
Avec eux.
Qu'ils étaient bons tous ces sourires confiants
Qui ignoraient que le pire
Était latent…

Qu'il était bon le temps où *le temps*
N'était qu'un mot égaré
Dans la jungle du dictionnaire,
Maintenant on y est …

ROSÉE D'OR, EDEN ROUX

Aux lueurs adolescentes
Des soleils anciens,
Les roses flamboyaient d'élégance,
Je m'en souviens.
Et leurs nuances pastel et douces
Rendaient immortelles
Les journées passées au soleil,
Les joies rousses.
La rosée étincelante et fraîche,
Sur leurs calices d'or,
Dessinait des chapelets de vie
Qui brillent encore,
Dans ma mémoire blessée et nostalgique
De l'époque magique
De la sérénité.

MYSTÈRE D'AMAZONE

Née dans ce nid de coton blanc,
J'étais peut-être une enfant sage,
Mais je suis partie en voyage
Il y a déjà bien longtemps.

J'ai rencontré la nuit profonde
Et j'ai même affronté la mort,
J'ai déployé mes ailes d'or,
J'ai volé sous la lune blonde.

Je me suis battue, j'ai lutté,
Moi, l'oiseau fragile et espiègle,
Depuis j'ai la force d'un aigle
Et rien ne me fera douter.

J'ai survolé tant de rivages,
Cheveux au vent et le cœur libre,
Je suis sereine sous l'orage,
Et les gouttes de pluie m'enivrent.

Je m'endors dans les pâturages
En comptant souvent les étoiles,
Mon ciel ivre, rien ne le voile,
Je suis libre, je suis sauvage.

Et je garde au fond de mon être
Cette enivrante écume de nous
Ce temps d'Eden qui peut-être
Renaîtra sous le soleil fou.

IV-
PASSIONS FILANTES

Rose Aphrodite

PREMIER AMOUR, PASSION COQUELICOT

Je revois ton visage au cœur des coquelicots,
Tu m'offrais ton regard de frêle adolescent,
Je t'ai cueilli un jour sous les feux du couchant,
Rien n'était plus précieux que ce souffle nouveau.

Nous avons célébré les braises de l'amour
Dans ce champ mordoré, lit de notre passion,
Je t'ai promis qu'alors je t'aimerais toujours,
J'ai tenu ma promesse au moins une saison.

Mais depuis quand je vois ces fleurs flamboyantes,
Je retourne un instant au temps de l'insouciance,
L'automne a arraché mon cœur d'amarante
Le jour où j'ai quitté tes larmes de jouvence.

LA NUIT PALPITE

La nuit ouvre ses portes sur les frontières du réel.
Le rêve envahit tout, le mystère palpite.
J'ai cueilli une étoile noire, mieux vaut ne pas l'ancrer dans ma vie.
Mais ce regard, à jamais effleuré, me hantera désormais comme un regret amer,
Comme un gouffre béant qui crierait : « J'aurais dû ».

DRAPS DE YIN ET DE YANG

Corps de yin et de yang,
Âmes complémentaires,
Ténèbres et jour en fusion,
Dans de beaux draps...
Cœurs de nuit et de jour,
Regards brûlants d'ivresse,
Âmes froissées,
Cœurs blessés.
Draps de vie et de mort,
Passion infinie,
Enfer du décor,
Éternelle nuit.
Draps jetés aux corbeaux,
Nuits douceurs de colombes,
Paradis des contraires,
Jumeaux condamnés.

LA PORTE SÈVE

Si j'allais sonner à la porte
Du destin qui trop souvent fuit
Devant mes yeux ébahis,
Me laissant pour morte...

Si j'allais cueillir ce rêve
D'un jour mieux goûter les appels
De ces péchés au goût de miel,
De ces passions vidées de leur sève...

Si j'allais frôler cette ombre
Dont le regard envoûte mes peurs
De ses reflets « désenchanteurs »,
Lorsqu'il fait sombre...

Si j'allais sentir la chaleur
De ce sourire qui anime la vie,
Enveloppant dans mon cœur meurtri
L'opium de ce leurre...

Si j'allais dévorer la rose
Dont les vains pétales disparaissent,
Sous ces instants qui meurent et naissent,
Sous d'autres matinées moroses.

MIRAGE D'UN REGARD *(À l'Evan Étoile, muse masculine)*

Il y a des étoiles au parfum de mirage
Qui naissent de nos songes et ne sont que des leurres,
Ainsi ces étamines rouges, ces roses en sang
Condamnées à l'illusion des parades amoureuses.
C'est décidé, je ne tomberai pas dans cet engrenage de malheur,
Je garderai au ciel quelques étoiles ivres
Je ne les décrocherai pas,
Je les contemplerai.

BRUME ENSOLEILLÉE

Qu'il est doux, lorsque la brume se dissipe, de découvrir un soleil plus éclatant que jamais.

GRENADE

Parfum de grenade fraîche,
Figue mielleuse,
Regards d'Orient,
Saveur ancestrale du paradis perdu,
Souffle des zéphyrs insolents,
Chaleur de ta peau d'ambre,
Ton corps passé en éclair dans ma vie,
Sur les contours de mon cœur brûlant.

JEUNE ÉPHÈBE AU ROCHER NOIR

Dans une tranche d'espace-temps séjournent tous les possibles,
Un mille-feuilles d'étoiles et de braises en fusion.
On peut y apercevoir
Mon amour du temps jadis
Qui compte les moutons de nuages,
L'Apollon qui m'inonde au quotidien de ses vagues sereines,
Tous mes amis de printemps ou de galère qui cherchent à décrocher
Des pépites de Voie lactée.
Et toi,
Tu scrutes l'horizon en y promenant tes grands yeux noirs
Effilés comme ceux d'un félin de basalte.
Tu sembles chercher une réponse à l'éternelle question
Que la nuit seule serait en mesure de t'apporter.
J'ai exploré moi aussi ces strates mystérieuses,
J'y ai ramassé quelques échantillons de rêve, quelques paillettes de sens.
Toi qui ne sais encore rien de la vie, pourtant tu sais déjà tout.

SOLEIL MARIN, VIE LACTÉE

Vie « Nuit » que tu es belle dans ces fragments
d'étoiles,
Dans ce feu qui s'est ranimé,
Dans cette brume qui s'envole et dévoile
Ces brefs instants d'éternité…

Où le soleil renaît de ses cendres
Et vient s'allonger
Sur la mer qui ne cesse de s'étendre
Dans son cœur de Voie lactée,

Dans ces instants brûlants d'aurore
Où l'océan vient à son tour
S'allonger sur le soleil d'or
Après une nuit d'amour…

Oui, Vie, que j'aime ta saveur
Lorsque tu coules en mes pensées
Comme une rivière de bonheur
Comme un champagne blanc nacré,

Et quel incroyable voyage
Incomparablement vivant
Lorsque fusionnent au cœur des pages
Ces mirages échappés du temps…
Comme deux comètes sauvages
Qui embrasent le firmament.

Je vous effleure, je m'approche, je vous
embrasse,

Et c'est tout un univers qui tourbillonne dans cette danse intime des étoiles, du soleil et de l'océan, du jour et de la nuit.
Et c'est un volcan qui s'éveille en vos entrailles, un ouragan brûlant, envoûtant, dévorant.

AMOUR

L'amour est cet irrésistible chemin qui me mène à toi.

RAISINS DU PRÉSENT, MUSCAT DU RÉEL

Regarde le présent comme il nous tend la main
Vers des instants sacrés mais tellement palpables,
Vers le raisin sucré d'immortels festins,
Vers des rêves vivants, magiques, improbables…

Il nous dit dans l'aurore et les cheveux du vent
Que la vie passera et qu'il faut la saisir,
Sortir humer l'amour que la nature inspire,
Goûter chaque seconde aussi passionnément

Que si l'heure dernière allait bientôt sonner,
Que si nous allions perdre la saveur du beau.
Dégustons la pluie rose et les rayons orange
Du soleil qui éclaire ton sourire d'ange.

Vis, cueille la fleur suave des vignes framboise
Aime, comme un damné qui revient de la nuit,
Une sœur veille sur ton âme qui luit,
Écris l'or des rêves dans l'océan turquoise…

FRÈRE D'ÂME

Nous nous sommes croisés sous le soleil d'Emèse
J'ai reconnu le grain de ta voix ancestrale
Et le supplice d'or de ton âme de braise
Qui souffre aux frais rayons d'une lune d'opale…

Je souhaite à ton royaume tout l'amour du ciel
Celui qui se respire en inspirant l'aurore,
Je te souhaite une vie de passion et de miel,
De ces vies qui savent faire oublier la mort…

VIENS

Viens que je sèche tes larmes
Au soleil de mes doigts,
Viens que je fasse taire
L'alarme de ton cri,
Le feu de tes entrailles
Qui consume ton âme
Au plus profond de toi.
Rien n'étanche jamais la soif de vivre des passionnés.

SECRET D'ÉROS

Le simple charme de son être,
Son parfum de musc blanc, sa peau ruisselante
d'étoiles
La magie de ses mots, la force de son regard…
Il n'a reçu en héritage que la voûte céleste et le
chant bleu des pâturages.
Là est l'Éros véritable,
Celui qui rayonne
D'un éclat irrésistible et sauvage,
Pareil à un loup.

NUIT D'OR

J'attends que tu viennes à moi
Sous les étoiles scintillantes d'espoir
Qui palpitent dans la robe céleste du cosmos.
J'attends que tu me parviennes,
Par les vagues d'un destin moqueur,
Par l'écume fraîche et salée
Des embruns musqués et malicieux.
J'attends que tu m'enveloppes
Dans l'écrin brûlant de tes bras,
Dans ce nuage iodé et protecteur,
Dans la nuit bleutée
Qui se fond à l'océan de saphir
De ton regard rêveur.
J'attends que tu donnes vie
A l'éternelle rose
D'extase et de passion
En ancrant ton pistil
Au creux de mes pétales.
J'attends que nous savourions
Du crépuscule à l'aube
Les fruits d'or et de carmin,
Jusqu'à la fin de notre temps.

MOI DE L'AUBE, TOI DU COUCHANT

Je suis de l'aube, toi du couchant,
Terrible malédiction
Du jour et de la nuit
Qui ne pourront jamais s'aimer,
Et ne peuvent se croiser
Qu'aux feux du firmament.

REVE AZURÉ D'UN NOUVEL ÉPHÉMÈRE

Tu as posé un regard sur moi,
Une paillette d'azur,
Il faisait nuit,
Je n'avais pas le temps…
La vie coule et tu te meurs,
Que vais-je faire maintenant ?
Les comètes ne passent pas deux fois
Sur les sentiers du temps.

SÈVE PASSION

La passion luira dans mes pétales jusqu'au dernier printemps,
Jusqu'à la dernière goutte de sève,
Jusqu'à la dernière étamine d'espoir.

BAIN DE MINUIT À BABYLONE

Viens Nathanaël,
Viens me rejoindre au crépuscule
Dans l'eau bleutée de ce grand bain indigo.

Viens,
Nous humerons l'air fruité du couchant
Imbibé de saveurs de muscats et de grenades,
Nous nous unirons sur les berges rosées des
terrasses de Babylone.

Te voilà,
Je sens contre mon cœur la chaleur épicée de ta
peau d'ambre
Brûlante comme un soleil de plomb.
Je te dévore,
Je déguste avec rage la figue insolente de l'arbre
originel
Gorgée de ton poison.

Je t'accueille en moi pour l'ultime extase,
Les murailles des mille jardins d'Orient résonnent
du cri de ta délivrance,
De ta puissance mâle apaisée.

Je scintille de toi, comme une rose Passion
Irriguée de la sève parme et argentée de
l'éternelle semence,
Plus que jamais épanouie devant la Voie lactée.

SOLEIL INTEMPOREL, PRINCE D'ÉMÈSE

Astre sombre et brûlant des vallées de la mort,
Des plateaux embrumés, des rives de la vie,
Tu en as vu passer d'éternelles aurores
Et des générations englouties dans la nuit…

Tu en as vu passer des regards de braise
Dans les villes dorées de Mésopotamie,
Depuis la nuit des temps, par-delà les falaises
Tu rayonnes au-dessus de nos rêves meurtris.

Tu as vu défiler les amants de l'espoir
Et les guerres qui ont déchiré leurs amours,
Et les mères pleurant leur enfant dans le noir,
Veillant leur ange mort jusqu'au froid petit jour…

Il y a un goût de sang dans tes rayons rougis
Lorsqu'au-dessus des ruines tu réapparais,
Tel un prince invaincu, tu détiens le secret
Des lois de l'univers, tu résistes, tu luis,

Tu brilles sur la robe bleutée de la Terre,
Tu éclaires le monde de ton regard roux,
Voilà sur un rocher l'un de tes émissaires,
Il me sourit, je fonds, il a un charme fou.

LE SOURIRE D'UN HÉROS

Dans cette geôle blanche où triomphait l'horreur,
Tu as évaporé la mort et tous les drames…
Tu as empli la salle de tes rayons d'or,
Je me suis envolée au-delà de la nuit.
J'ai tant humé de toi pourtant sans te connaître,
Nous nous sommes croisés dans d'autres univers,
Toi qui t'es envolé hors de ta vie peut-être.

REPEINDRE L'AMOUR

Je repeindrai le monde aux couleurs de l'amour,
Aux couleurs de la vie qui palpite en ton sein,
Sous tes muscles saillants,
Ton armure d'airain,
Je repeindrai la vie de ton sang mon amour,
De ton sang qui bouillonne de ta passion folle,
De ton sang déversé pour venir me rejoindre
Au cœur des flots marins
Fous et tempétueux
Dans lesquels je suis née
Et où je me dessine,
De ton sang vermillon dont l'écume d'aurore
Explose sur le bord saillant des rochers noirs…
Mais tu n'es que blessé,
Simples écorchures
Qui me rappellent enfin
Que tu n'es pas un dieu.
Je subirai alors
La malédiction éternelle
Des déesses amoureuses d'un mortel :
Un jour tu t'éteindras,
Mais je peindrai le monde
Aux couleurs de mes larmes,
Mes larmes d'horreur et d'aurore
Pour effacer guerres et grisailles
De la mappemonde en cendres,
En quelques coups de pinceaux gorgés d'iode et d'étoiles.
Mais tu es bien vivant
Car tu me souris
Ce soir,

Sous l'orage de foudre.
Il nous reste encore
Mille et une nuits
À célébrer l'extase
Dans les parfums brûlants et mellifères
Des étamines citronnées,
Des fleurs de la nuit.
Je tiens entre mes lèvres ce pinceau de mille
séismes,
Je l'abreuve à la sève des roses des sables
Dont sont gorgées les vagues.
Il dessinera,
A l'encre argentée des frissons de jouissance
La rivière lactée et tumultueuse,
Sanglot pulsatile et fougueux
De notre amour,
Devant l'océan jaloux.

FLEUR DE POÈTE

Un poète croisa une fleur au détour d'un sentier rocailleux,
Elle scintillait entre les pierres de basalte.
Ils dansèrent sous la voûte étoilée.
Regardez, dit le poète à l'assemblée, j'ai cueilli une fleur !
Regardez dit la fleur, je suis la fleur d'un poète !
Et le charme fut rompu.

PASSIONS FILANTES

La passion est l'ultime espoir
Qui jaillit dans nos prisons noires
Pour nous sortir tant bien que mal
De ce trou à l'issue fatale...

La lumière rousse et cruelle
Qui n'est qu'une illusion d'appel,
La pulsion de vie étouffée
Qui crie qu'elle voudrait exister...

Passion, silhouettes en transe,
Des ombres meurtries qui dansent,
Passion des êtres, fusion
Embrasant les constellations.

Passion des anges en errance
Qui comblent le vide des vies,
De nos destinées de non-sens,
Des regards bleus de galaxie.

Je me souviens, j'ai scintillé
De cette flamme qui embrase la nuit,
De cette étincelle de vie,
De cette passion d'exister.

Et tant qu'il y aura la vie,
L'espoir flambera en moi,
Il sera l'éternel roi
De ma destinée de bougie.

TU DIS QUE TU CHANTES

A la cascade tu dis que tu me bois…
Des yeux,
Aux quatre coins du temps
Tu dis que tu ignores le doute,
Que je suis ton firmament…
Aux étoiles je vouerai ma vie.

BRUME D'INFINI

L'infini se hume dans le parfum des fleurs,
Dans ton souffle lointain qui inspire ma nuit,
Dans le regard des ombres qui tremblent de peur
En découvrant la mort qui déjà leur sourit…

L'infini se savoure en cueillant ce mirage,
En caressant ta peau qui transpire de rêve,
En scintillant d'extase sous ton corps en nage,
En dégustant de toi dix-mille péchés d'Eve…

Et l'infini s'éteint lorsque l'aube apparaît
Pour éteindre le feu des magies improbables,
Mais quand viendra le soir aux ténèbres de jais,
L'infini renaîtra de ses braises coupables

Qui ont fait se croiser aux portes du Destin
Deux êtres rayonnants, émissaires cachés
De la glace et du feu qui se tendent la main
Dont il ne restera que des braises givrées.

LENDEMAINS DE FÊTE

Je hais les lendemains de fête,
Ceux où l'on voit s'évaporer
Les paillettes
De ce qui a existé…

Ce rêve, l'éclat d'un songe peut-être…
Les masques sont tombés.
N'étions-nous que les marionnettes
D'une commedia dell'arte ?

Ton regard fondu dans le mien
A-t-il-seulement existé ?
La porte sève s'est refermée.

Le chant du temps
Nous a-t-il rendus
À la réalité ?
Le souffle de l'instant
Nous a-t-il condamnés ?

SOUS LES DUNES BLONDES

Quelque part sous les dunes blondes,
Il y a tous les amants du monde,
Il y a les réalités
Qui ne sont encore jamais nées.

Il y a sous l'eau écoulée,
Et sous le poids des flots turquoise,
Tous les regards qui se croisent
Sans jamais se rencontrer.

Il y a deux êtres semblables
Qui n'ont jamais assez goûté
Aux astres de la Voie lactée,
Aux rêves inavouables.

Il y a deux regards dans le noir
Qui sont comme hypnotisés
Par les lois d'un mauvais hasard
Sauront-ils le conjurer ?

Quelques rimes qui tourbillonnent
A quelques pages de toi,
Un songe d'artiste je crois,
Si ma mémoire est bonne.

Dans quelques dizaines de pages,
Dans quelques mots brûlants peut-être,
Sans le savoir,
Sans le vouloir,
Un regard, rien d'autre qu'un regard,
Un sourire au coin d'une fenêtre…

TON REGARD ME HAPPE

Ton regard me happe à la sortie des enfers,
Ton regard brûlant,
Ton regard insistant.
Tu luis et m'ensorcelles,
Il faut que je te croque
Comme un fruit masculin
Délicieux et viril,
Il faut que je déguste
Ta peau parfumée
D'embruns d'iode et de musc...

L'AMIE DU LAC DESTIN

De l'autre côté du grand lac,
Une âme alliée veille sur moi.
C'est étrange…
Pourtant je ne la connais pas.

Quelques reflets dans l'eau violette
Me renvoient son image,
Et quelques vers
Qu'elle a écrits pour moi.

Elle semble lire entre les lignes
Des pages noires de mon histoire,
Elle les éclaire
Au fil des mots…

Le temps de quelques grains de sable,
Paillettes d'espoir
Que l'eau du lac emportera…

Pourrai-je un jour la remercier
Par un sourire
Lorsqu'elle traversera
Pour visiter mon empire ?

Elle a l'éclat des étoiles qui éclairent les ténèbres.
Elle a le regard changeant et tumultueux d'un aventurier.

PASSION DE LIBERTÉ, RAGE DE LOUP

J'ai la passion de la liberté,
La rage du loup chevillée au corps,
Loup rebelle errant au hasard de la nuit,
Ma bouche devient gueule.
Mes dents sont crocs, pour mordre la lueur du jour,
Aussitôt, ma muselière me contrarie
Alors je gémis, tout haut.
Puis je déchire mes lanières,
Je me libère de toute contrainte
Je ne hurle plus à la mort, mais à la vie.

POUPRE NUIT, BLEU VIE

Il y a dans ma vie un parfum de mystère,
Une étincelle d'inconnu.
A qui sont ces yeux noirs qui m'attirent vers
l'enfer ?
Ces mains qui ne m'appartiennent déjà plus ?
Cette bouche que j'aimerai bien plus qu'un soir
d'orage,
Qu'un paradis perdu,
Qui renaît des cendres trop sages
D'une âme sauvage et invaincue.

A qui sont ces mots qui lacèrent
Ce qui me reste de vertu ?
Je n'ai de loi que la saveur mellifère
De vivre à corps perdu...

Il y a d'autres portes à ouvrir
Sur le bleu « Vie » de l'inconnu,
Des galaxies à parcourir,
Je n'en aurai jamais trop vu.

Il y a des recoins de l'espace
Où m'attendent mille passions brûlantes,
Et chaque fois ce regard qui m'enlace,
Cette voix mâle qui me hante.

Et cet esprit qui me fascine
Par ses noirs secrets insondables,
Cette alchimie qui m'assassine
Et cette attirance coupable...

Coupable de vouloir vivre
Plus de dix-mille existences,
De ces rencontres qui enivrent
De leur doux parfum d'insouciance.

SOUS LA PLUIE SANGUINE

La pluie sanguine
A déchiré tes vêtements,
L'orage en proie aux pires foudres
A lâché ses grêlons de métal,
Nous nous sommes retrouvés toi et moi
Nus comme la lune rousse
Sans sa robe d'argent,
Plus possible de nous cacher
Derrière nos armures de métal,
Alors j'ai lu dans ton regard
Un désir fou dépouillé de ses armes,
J'ai embrassé tes lèvres fermes,
Ta soif de vivre au goût d'océan,
J'ai cueilli le fruit gorgé d'azur
Ruisselant de ta rivière folle,
J'ai invoqué ta force mâle,
Et la pluie nous rendait si ivres d'aimer
Que nous ne faisions plus qu'un avec les éléments.

LES YEUX DE LA NUIT

Les yeux mordorés de la nuit,
Ce sont autant de fenêtres
Agrémentées de feuillets d'or,
Paupières closes sur les foyers,
Cachant sous des mousselines rousses
Mille ébats et mille solitudes.
Ici, un dîner aux chandelles
Dans un salon de velours rouge,
Là un vieil homme et son chat,
Les yeux fixés sur l'horloge
Dans une cuisine crasseuse.
Ici encore un enfant
Qui s'endort seul au monde
Dans un orphelinat miteux.
Les yeux mordorés de la nuit,
Ce sont les regards apeurés
Des rongeurs qui servent de proie
Aux rapaces affamés,
Ce sont les regards cruels
Des oiseaux de nuit
Qui dévorent tout
Pour ne rien laisser de nos rêves.
Les yeux mordorés de la nuit,
Ce sont aussi les étoiles
Qui éclairent cette fresque étrange
Pour tenter de l'embraser
D'une lueur de sens,
D'une étincelle d'espoir…

À l'aube la vie reprend son vol,
Après l'amour, je n'ai pas dormi,
J'ai bu les rayons argentés de la lune.
Tu te réveilles,
Tu me disputes :
"Toi, tu as encore écrit ! "
J'avoue mon crime, mea culpa,
J'ai bu trop de cafés je crois…

DE L'AUTRE CÔTÉ DE LA NUIT

Une nuit,
Il y a ton âme qui m'appelle
À l'autre bout des rêves…
Tu noies tes idéaux perdus
Dans la brume mélancolique
Qui enveloppe tout.
Je t'aperçois,
Tu fumes à ta fenêtre,
Tu attends
Celle qui ne viendra jamais
Car tu lui ressembles trop…

PÉTALES DE NUIT

Ton regard brûlant et glacial,
Ton regard insolent et implorant
Se reflète dans le mien.

Tu dégustes et tu m'offres
Ce pain, ce pain qui me ressemble,
Épicé et sucré au gingembre rose.

Nous voilà réunis
Dans la rosée brûlante du soir
Gorgée d'épices et de senteurs.

Le calice de ta fleur mystère,
Tes étamines mâles…
Tu es on ne peut plus vivant, tu rayonnes à travers mes nuages.

Même si tout me l'interdit,
Il se pourrait que je te cueille ce soir, à jamais.
A jamais vivants ce soir.

UN PEU DE SÈVE DANS MON CAFÉ

Sous des arches étoilées d'espoir,
Une rose parme et un lys d'argent
Devisent sur les mystères de la destinée,
Sur les rivages du temps,
Sur les rêves d'un soir.

Un peu de sève dans mon café,
Quelques étincelles d'absolu,
Un parfum d'éternité,
Une tisane à la cerise,
Un petit pain d'épices étoilé,
Azuré.

CHAMP DE BLÉ HORS DU TEMPS

Qui vous dit que nous sommes dans la capitale ?
Nous humons peut-être l'air frais dans un champ de blé,
Nous sommes peut-être ici ou là-bas,
Voire même les deux à la fois…
Nous n'avons pas plus d'âge
Que le temps lui-même…
Qui vous dit que le temps a coulé
Sur nous à deux vitesses différentes?
Parlez-moi des sèves de lave,
Parlez-moi de la vie.

LES BRAISES DE PASSION

Des hauts plateaux du monde
S'écoulent les cascades
D'espoirs et de romances,
De la nuit et du temps.

Les amants de toujours
Ont brûlé leurs poèmes
Comme autant de forêts
Au feu évaporées,

Et les chutes de lave
Ont changé leurs cœurs d'ambre
En pierres de basalte,
En tisons de tourments.

Mais les cendres scintillent
D'éclats de bonheurs tendres
Comme des braises d'espoir
Qui recréent la passion,

Rien ne pourra gommer
Les marques d'amarante,
Car s'ils se sont croisés
La lune avait raison.

RENDEZ-VOUS PRÈS D'UN VOLCAN

Ton regard qui me brûle et m'effleure,
Le brasier qui se reflète en lui,
Ses lueurs qui enivrent mon cœur
Comme des pulsions d'incendie,

Nos lèvres qui palpitent, volent
Vers des horizons interdits,
Vers des firmaments frivoles,
Vers des désirs inassouvis,

Leur saveur de piment brûlant
Qui embrase jusqu'à nos corps,
Qui rend plus que jamais vivants
Nos longs ébats contre la mort,

Ta peau que mes mains électrisent,
Cette euphorie nommée extase,
Et ces éclats de gourmandise
Dans tes yeux couleur de Topaze,

Main dans la main nous marcherons
Malgré nos destinées d'esclave,
Ainsi jamais nous ne craindrons
Le danger des torrents de lave,

Ce continent est l'impossible,
Sa saveur est l'indescriptible,
Sa réalité : un poème,

Un songe, une irréelle bohème.

Mais ce rêve est un vrai diamant,
Un diamant noir, perle de jais,
Retrouvons-nous près d'un volcan,
C'est là que je te rejoindrai.

CERISE D'ABSINTHE

Robe de délices, cœur d'absinthe,
Tu me sais ainsi,
Et pourtant tu me rejoindras,
Contre vents et marées,
Dans les nuages de grenadine.

BAIN D'ÉTERNITÉ

La mer emporte au loin tous les passants du monde,
Les âmes disparaissent dans les vagues bleues,
Dans les larmes d'écume sous la lune blonde
S'évaporent déjà nos lendemains heureux…

Ta silhouette élancée qui s'avance vers moi
Lorsque je t'attends là, patiemment, sur la rade
Dans l'air fruité du soir imbibé de grenades
Comme une reine folle qui attend son roi,

Tous les instants précieux écoulés sur le sable,
Les regards embrasés sous la voûte étoilée,
Les instants effacés et pourtant ineffables,
La mer effacera ce feu d'éternité.

Nous y voilà, ça y est, es-tu prêt à plonger
Avec moi dans ce grand néant de l'absolu ?
Nous serons à jamais quelques instants vécus
Dans les bras du soleil et de la Voie lactée.

PLUS QUE JAMAIS VIVANTS

Certains êtres se croisent aux feux d'océan
Et font vibrer leurs corps de sensations d'aurores,
Comme pour être un instant plus que jamais vivants
Et refuser de croire que déjà ils sont morts…

ÉTERNELLE APHRODITE

Rien n'a vraiment changé depuis la nuit des temps,
Les êtres naissent, meurent en cycles infinis,
Comme des grains de sable que la mer polit,
Et ramène à la plage en rouleaux scintillants.

Le temps d'un bref éclair et l'on entraperçoit
Un sourire de miel et un regard brûlant,
C'est la vie qui s'agite au cœur de notre joie,
L'amour au creux des vagues embrase l'océan.

Dans ces volutes bleues aux lueurs turquoise
Ne vois-tu pas l'éclat de mes yeux étoilés,
Le galbe pétillant de mes lèvres framboise ?
Je suis née de l'écume un soir d'éternité.

On m'appelle Aphrodite, je suis l'amour des cieux,
J'enflammerai les âmes jusqu'au bout du temps,
La vie n'a plus de mort lorsqu'elle brille en mes feux,
Je suis à tout jamais l'ultime firmament.

CERISES BRÛLANTES

J'ai invoqué le soleil et j'ai cueilli l'amour sur ses lèvres de cerise brûlantes.

TERRE D'EAU

Un matin s'est levé sur les canaux bleutés
Dans lesquels navigue mon âme nostalgique,
L'air est frais, le soleil éclate au ciel d'été
Comme les fruits d'un rêve évaporé, magique.

Le blanc immaculé rayonne aux maisons roses,
Rosies sous une robe de bougainvilliers,
Je retrouve ces saveurs douces du passé
Et ces regards enfuis, ma poésie, ma prose...

Tu me regardes, je te souris, lueurs délicieuses.
Pourtant, c'était ailleurs, au loin, en Italie,
Sur les plages sucrées aux effluves de fraises...
Le premier sourire a laissé dans ma vie
Des marques éternelles, des souvenirs de
braise...
Et je revois mon père marchant dans les
embruns,
Et ma mère qui drapait dans ses cheveux
« nuages »
Le frère qui m'aidait à affronter la mort
Et la menace sourde de la maladie.
Et notre joie de vivre triomphait de tout,
Nous étions amoureux de la vie, de l'espoir,
Déjà, en ce temps-là, et pour l'éternité...

ROSES D'ESPAGNE

La ville de Roses s'endort au soleil couchant,
Sa baie et ses bâtisses s'embrasent d'amarante,
Les palmiers bruissent dans les jardins,
La menthe
Exhale son parfum brûlant…

Rose d'Espagne embrumée d'écume
Sur la plage de mes rêves nocturnes,
Rose aux mille saveurs que j'hume,
Dans la brume étoilée
Sous la lune…

Rose, ton regard, amour, mon amour
Roses, Figueres, Cadaqués,
Soleil de miel, astre d'un jour,
De joie, de liberté, d'ivresse.

Roses d'Espagne, fleurs du monde,
Pépite de mappemonde,
Pétale vierge d'une nuit d'été,
Eternelle jeunesse, ivre de Voie lactée.

JE VOUS ATTENDS

Viendrez-vous sur la rade parfumée d'embruns
Ce soir, aux rayons d'or, me rejoindre au couchant ?
Je me meurs de vos rires, de votre parfum,
Je vous attends, je vous attends, je vous attends…

Viendrez-vous me sauver de tous mes crépuscules,
De mes angoisses bleues qui planent dans le ciel,
Viendrez-vous apaiser mes craintes ridicules
Et m'offrir l'absolu, l'enfer au goût de miel ?

Viendrez-vous comme une ombre venue de nulle part,
Comme un prince secret défiant l'impossible
M'arracher au néant qui m'a choisie pour cible,
Me sauver en mourant dans vos bras, de mon art ?

Viendrez-vous sur la corniche inondée de brume
Disparaître avec moi dans l'écume bleutée,
M'ouvrir grand les portes vers l'éternité,
M'offrir de partir sans aucune amertume…

Me voilà, je suis là, dans ma robe sanglante,
Je regarde les vagues, et la brume au loin,
J'aperçois votre silhouette sombre et troublante,
Je regarde mon sang filer vers le Destin…

NEIGE DE VOYAGE

Je t'observe,
Tu me souris,
Tu regardes au-delà du réel,
Nous irons nous baigner aux cascades d'or blanc,
Goûter les neiges en robe de miel du
Kilimandjaro.

LES CITRONS DE CALABRE

J'ai passé des nuits blanches bercées par les vagues d'or
Qui m'emportaient au loin dans des flots de plaisir
Mais j'entendais parfois le cri des rêves brisés…
Je reviens du soleil mais les forêts me manquent
Et je suis retournée dans ce village perdu
Marcher sur les pierres vertes.
J'ai gravé sur le monument aux morts
Le «V» de notre victoire passagère
Sur le Destin et sur le sort
Notre sursis avant l'enfer…

Nous voilà libres !

J'irai marcher dans les torrents de fortune,
Devant la nature, temple de l'absolu.
Raconte-moi le chant des mésanges,
Les clairières où nous nous rejoindrons.

Raconte-moi notre union face à l'immensité,
Face au Tout, face au rien, face au néant,
Comme un cri brûlant de nos vies,
Rebelles unis face au non-sens,
Eternellement vivants l'espace d'un instant…

Dans chaque être luit l'éternité de l'instant…

AUTRE SOLEIL

Au soleil d'Espagne, j'ai cueilli des regards,
Des paradis brûlants sous des cieux embrasés,
J'ai caressé souvent aux jardins du hasard
Les feuillages fournis des branches des palmiers.

J'ai savouré des baies de miel et d'amarante,
Des délices juteux qui m'ont emplie de vie,
Des bananes goûteuses aux figues insolentes,
Des aubes, des couchants, d'interminables nuits

À contempler les vagues des horizons noirs,
À baigner dans le sable aux plages éternelles,
Mais entre les nuages, cieux de caramel,
Il m'arrivait parfois de croiser ton regard…

Ce regard de tes mots qui naviguent, se brisent
Comme l'écume bleue de tes vers ténébreux,
Sur les rochers sauvages, les îlots brumeux,

Sur la plage des rêves, je t'idéalise.

Peut-être cherches-tu au fond de mon regard
L'éclat intemporel de tes amours passés,
Peut-être as-tu trouvé au chemin du hasard
L'étincelle infinie de la complicité…

RIVIÈRE POURPRE

J'avance dans la brume infusée d'aurore
En reine des ténèbres, en fille damnée
d'Aphrodite.
Je ramasse les corps
Tombés sur le chemin des rêves.
Le néant détruit tout,
Achille veut ma mort,
Il poignarde mon sein,
Et la rivière pourpre
Ensoleille son âme de guerrier maudit
Et embrase son cœur qui s'éprend de mes yeux,
Mais il est déjà tard,
Achille pleure les étoiles,
Et je rejoins les cieux…

LE BAISER DES DAMNÉS

Si je t'embrasse,
Nous serons l'eau, le feu et la glace en fusion.
Si je t'embrasse,
La Terre n'aura jamais connu pareil ouragan,
Pareille danse embrasée des étoiles,
Pareil tourbillon de lave incandescent...

Si je t'embrasse,
Ton corps frémira sous les frissons d'extase,
Une passion violette et douloureuse bouillonnera
dans tes artères,
Délicieusement.

Si je t'embrasse,
Le soleil ne me pardonnera pas une telle
infidélité,
La lune me condamnera
Pour avoir célébré l'union des contraires
En te goûtant devant la Voie lactée.

Si je t'embrasse,
Un tsunami de braise m'éloignera de toi,
Je serai damnée jusqu'à la fin des temps
Par les constellations jalouses,
Je serai à jamais
Celle qui t'a choisi
Aux dépens du soleil...

FOUDRE D'IMPOSSIBLE

Impossible amour
Dans la salle blanche et triste…
Un mirage de passion
En mode de survie.
Étoiles rebelles dans un bain d'antiseptiques.

ÉCLAIR D'IMPOSSIBLE

Un éclair de sourire et de soleil
A franchi le seuil
De la petite salle blanche et insipide.
Je ne t'attendais pas ce jour-là,
J'étais là, comme toi, pour un bilan de routine,
Un examen de passage.
Te voilà assis devant moi avec ton rire éclatant,
Tes yeux emplis de joie et d'assurance.
Chacun de tes mots me berce
D'une étrange impression de force et de sérénité.
Ta peau de pain d'épice éteint toute la grisaille de
Paris.
Tu m'invites à te suivre au-dessus des nuages.
Tu ne ressembles en rien à ce que je connais.
Astre serein et imperturbable,
Si la mort s'invite,
Tu lui jetteras ton sourire au visage.

OASIS ÉVAPORÉE

Tu es reparti par-delà les nuages,
À l'autre bout du monde,
Frôler les étoiles à conquérir.
Le destin meurtrier des cœurs
A évaporé mon oasis.

VAHINÉ DES TÉNÈBRES

Tu m'appelles ta vahiné,
Je danse autour de tes folies,
C'est toi qui ramènes à la vie
Ma joie et mon éternité.

Tu dis que je suis la fleur libre,
Ivre de passion et de rêve,
Les astres, les étoiles vibrent
Dans mes feuilles et dans ma sève.

Tu voudrais parfois me cueillir
Mais j'ai grandi dans les ténèbres,
M'arracher aux nuits de saphir
Sonnerait mon glas funèbre.

Alors tu me regardes humer
La Voie lactée et le soleil,
La brume d'aurore infusée,
Et je pars rejoindre le ciel.

TEMPÊTE D'APHRODITE

Non, je ne suis pas une mer calme,
Mes rages d'écume fouettent ton corps et ton âme,
Toi mon Apollon,
Tu me souris,
Eternellement jeune,
Et je te malmène,
Tu as le mal de mer,
Le mal de moi.
Mais tu aimes ça,
Tu en redemandes,
De l'eau rouge et déchaînée,
Des vagues sanguines et flamboyantes
Couleur de l'aube et du couchant.
Cette eau folle et sauvage,
Pure et écarlate,
Lit d'amour des dieux,
Embrasse-moi dis-tu,
Encore et encore,
Jusqu'à épuisement,
Jusqu'à la déraison,
Et tu te déhanches,
Et ma bouche pourpre,
Rose d'Aphrodite
Aux pétales d'ambre
Accueille ton fruit
Gorgé d'étoiles,
Et je m'enivre
De ton regard nuit
Nimbé de météores…

JE VEILLE DANS LE GIVRE

Dans l'ambiance ouatée des matinées d'hiver,
Je suis là, au coin du feu,
J'observe les tisons givrés,
Souvenirs de ma nuit souveraine.
J'attends,
Une rose entre mes lèvres
Que tu viennes me réveiller,
Me tirer de mes pensées vagabondes
Qui naviguent au-delà des brumes d'or
Dans l'enchevêtrement des forêts,
Qu'au loin l'aurore inonde
D'une clarté juvénile.
L'insouciance du temps d'Eden
A mis la clef sous la porte,
J'ai tant marché que je n'ai plus peur,
Je veille.
Heureusement la vie fourmille
Dans les brumes matinales,
L'oiseau chante l'espoir
Mieux que toute symphonie,
De toute éternité.
Cet éclat particulier de l'aube,
Cette douceur
Qui embrume tout l'univers
D'un délicieux parfum de pomme d'amour.
Tu me réveilles de l'enfer,
Je cueille la joie
Dans ton sourire taquin,
Tu me regardes avec malice,
Je ne veille plus,
Le soleil m'embrase,

La vie m'attend dans des draps de satin.
Je cueille un brin d'extase
Puis je pars humer le jardin.

RIVIÈRE PARME

Je repars me baigner dans tes yeux ma rivière,
Tu me raconteras combien tu as vu d'or
S'écouler dans tes bras de savante guerrière
Depuis ces rayons bleus, étincelles d'aurore.

Tu me diras aussi combien de beaux marins
Sont venus dans ton lit embrasser tes flots roses
Au coucher du soleil ils ont posé leurs mains
Sur les cheveux ambrés des herbes de ta prose.

Tu me diras enfin combien d'oiseaux étranges
Sont venus s'abreuver à ton souffle brûlant
Lorsque le vent du nord caresse ta peau d'ange,
Toi, rivière de vie, mon cœur, mon océan.

V-
DANSE CONTRE LE TEMPS

Mirage d'Eden

PREMIER MIRAGE D'ABSOLU

Effluves ultramarines, jour de réminiscences...
Je nous revois.
Nous nous étions abreuvés du poison étoilé de
l'absolu,
Nous avions nagé dans ses vagues indigos,
Sous l'éclat argenté de la lune insouciante...
Te souviens-tu de nos fantômes adolescents,
Ils étaient fous, ils se prenaient pour les rois du
Sahel,
Pour des maharajas s'aimant sur des tapis de
roses
Trempées dans leur sang et dans du miel.
Te souviens-tu, oui, je t'avais dans la peau,
Ton parfum me hantait de ton écume fraîche
Lorsque tu t'envolais loin de moi quelques temps.
Te souviens-tu, tu me cueillais le firmament,
Tu revenais souvent des hauts plateaux du monde
Avec quelques bouquets de rêves et d'étoiles,
Et nous passions des heures ton front contre mon
front
A nous perdre chacun dans le grand labyrinthe
Du regard de l'autre,
Ténébreux minotaure
De la mort qui guettait notre amour, notre sort.
Car elle nous hantait cette maîtresse ultime
Qui tranche le destin lorsque cela lui chante.
J'imaginais,
En sentant contre mes joues ton visage osseux,
Les deux gisements d'os que nous serions bientôt

Dans deux mille ans peut-être,
Un an, un jour, un mot,
Et nous jurions alors
Que rien au grand jamais
Ne nous séparerait, au moins en ce bas monde.
Mais nous ne savions pas, nous étions des enfants,
Qui font la vie, l'amour et ne croient qu'au présent.
-Mais je suis toujours là ! me dis-tu indigné.
-C'est vrai, tu n'es pas loin, nous avons moins peur désormais.
Nous sommes morts tant de fois
Dans l'abîme obscur et livide
De nos deux inconscients torturés.
Je t'ai oubliée un peu, parfois
Aux aurores printanières,
Dans les bras de l'amant au regard turquoise
Qui m'a sauvée de toi,
Qui m'a sauvée de nous,
De notre mirage d'absolu
Que tu avais tué
Que j'avais enterré
Que nous avions réduit en lambeaux.
Oui, j'oublie dans ses bras,
Je revis dans son regard
Car il a conservé
L'élixir de sérénité
Que nous avons perdu…
Après la vie,
Elles reviendront peut-être
Les lianes de l'absolu
Pour parfumer nos tombes

Reliées par leurs bras noueux
Devant la Voie lactée.
Vois-tu : leurs branches fleuries se tiennent par la main,
Elles font la vie, regarde, elles nous sourient.
Tout est bien.

CŒUR DE NEIGE DANS LA BRAISE

Cette nuit, mon cœur de neige a fondu dans sa robe de braise.
Je t'ai entendu m'appeler dans le néant,
Dans ce vide infini, dans ce chaos du temps,
Dans ce gouffre sans fin qui nous a engloutis…

ROCHES ET RÉMINISCENCES

J'arpente le sentier de rocailles givrées,
Le mistral m'emporte,
Est-il devenu fou ?
Fou de moi, fou de vivre ?
Je m'envole à dos de liberté
Vers les nuages de guimauve grise.
Le soleil pâle s'éteint à l'horizon,
La tempête glace mes joues d'abricot.
Je foule l'herbe dure, cristallisée dans le néant.
Les heures s'écoulent imperceptiblement
Dans ce fossile d'Eden.
Des genêts et des roches s'étendent à l'infini,
Je marche…
Une heure, un siècle, une éternité
Dans la brume de musc blanc.
Parviendrai-je à retrouver
Le grand portail rouillé
Du manoir de notre adolescence,
Refuge de nos fugues célestes,
De nos rêves avortés ?
Notre paradis effacé,
T'en souviens-tu ?
A-t-il seulement existé ?

LE CHANT DES PÉTALES

J'écoute le chant de la vie qui fourmille,
Je hume la complainte du temps,
La musique des pétales qui meurent
En s'évaporant dans la nuit.

Je caresse les plumes blanches
De ces oiseaux ensanglantés,
De leurs ailes blessées
Contre les grillages du non-sens.

Je les accueille sur ma robe,
Ils imprimeront leurs silhouettes
Comme des peintures immortelles
Des cavernes de l'aube.

Et enfin elles s'envoleront
Ces fleurs d'ange
Comme autant d'hirondelles
Vers de nouveaux printemps.

ANCIEN ROYAUME

J'ai ouvert la porte de notre ancien royaume,
Les roses du passé avaient tout envahi.
De nous, de nos rêves enfuis
Ne reste que l'arôme…

ALLIÉS DE TEMPÊTE

Il y a ceux qui vont par les chemins standards,
Ceux qui sont nés sous une étoile complaisante,
Toi et moi nous volons aux sentiers de l'espoir
Dans les ténèbres noires des nuits d'amarante.

PÉPITE DE JAIS

Ce soir, le ciel d'ébène est un trésor de jais
Qui ne scintille pas, qui ne scintille plus.
L'horizon est bouché, mes rêves sont perdus,
Je crois que le bonheur est passé désormais.

Passé et repassé en tornades d'écume
Dans ma vie de tempêtes, de torrents fougueux,
Il a brillé c'est vrai, au temps des jours heureux,
Il fond comme une pierre effacée par la brume.

PAROLE DE MÉTÉORE

Nous sommes tous condamnés. L'hécatombe a commencé. Les météores pleuvent en flèches meurtrières et certains êtres tombent, dans l'indifférence générale. Quelques âmes suivent un cercueil, éplorées, blessées, amputées. Puis elles continuent car elles n'ont pas d'autre choix. Comment réussir à être heureux au milieu de ce braiser, de ce cimetière géant qui s'étend irrémédiablement tel un raz-de-marée sournois ? Et en dépit de ce massacre, réussir à scintiller d'espoir en attendant la longue nuit. Les ténèbres ne tarderont pas ! Hume le jour à pleins poumons, avance, continue de voler en direction de ton idéal, même avec tes ailes blessées. Parole de météore.

LA VALSE DES REGARDS

Nous valsons tous ensemble
Toi, moi, parents, amis,
Nous valsons dans cette grande salle noire
Qui n'a ni toit ni murs,
Qui n'a pour seule charpente
Que les nappes de brume
Peintes aux couleurs de l'aube
Et du couchant.
Nous valsons sans but ni fin,
Puis peu à peu ils disparaissent
Tous ces êtres que nous aimions,
Engloutis par l'ouragan
Des heures, des jours et des saisons.
Nous sommes là toi et moi,
Désormais tout est vide
Autour de nous…
La valse irrémédiable du temps
A emporté tous ces regards
Si précieux
Dans le grand tourbillon…
Bientôt il fera nuit,
La grande nuit, la vraie, l'éternelle,
Et nous serons happés à notre tour
Par ce chaos virevoltant…
Embrasse-moi,
Dansons sous la neige brûlante
Qui abat tout autour de nous
Ses stalactites assassines.
Elle finira par nous ensevelir
Pour éteindre la dernière flamme,
Celle de nos corps qui dansent,

De nos âmes en fusion.
Alors valsons à l'infini
Et mourons en musique
Dans les bras l'un de l'autre,
Ton regard dans le mien
Mon regard dans ton regard.

Nous sommes les ténèbres et l'océan,
La nuit et le jour.

La vie ne mourra pas,
Car les vagues valseront
Eternellement
En mémoire de nous,
Sous les assauts du vent…

FUITE VERS L'AVANT

Nous passons à côté de ceux que nous aimons,
Nous noyons l'essentiel en de sombres cyanures
Qui embrument nos cœurs meurtris et ténébreux.

Nous passons à côté de ceux que nous aimons,
Nous avançons sans cesse dans la nuit du monde
Avec des œillères qui font notre prison.

DAMNÉS DE VIE

Nous sommes les damnés de la vie
Condamnés à l'éternelle finitude,
Habités par la même soif d'absolu,
En attente de l'ultime embrasement.
Les iris flamboient dans la nuit,
Il n'est pas de plus belle lumière que celle qui
jaillit des ténèbres.

L'ANGE EVAPORÉ

Tu la serrais entre tes bras,
Sa fourrure noire et blanche d'ange canin
Contre ton thorax frêle.
Ton regard se perdait au loin
Comme celui d'un aventurier.
Tu craignais qu'elle ne s'envole
Sous les assauts ensanglantés
Du mistral glacé,
Le temps nous l'a volée.

ANGE DE VELOURS

Toi qui veillais sur moi aux portes de la mort,
Toi qui hurlais de joie à mes retours de l'enfer,
Tu m'as tant attendue,
Tu m'as tant portée,
Pour certains tu n'étais qu'une chienne,
Pour moi tu étais un ange.

Ne crains rien :
Là où demeure ton âme,
Je te retrouverai dans quelques sabliers,
Au cœur de mille néants.

SOUVENIR DE CROCS

Ses sourires où perçait un adorable croc,
Ses larmes inavouables détrônant les mots,
Son regard infini, tellement plus qu'humain,
La rendaient bien plus belle que tous ces inhumains.

Maintenant, je l'attends, à présent qu'elle n'est plus,
Que dans ses larges yeux l'éclat est bien rompu,
Je la vois transporter son petit cœur en mousse,
Et l'emporter au loin, vers des contrées plus douces.

Ce cœur rouge est le mien, il flamboie de l'amour
D'un maître pour son chien, qui attendra toujours,
Le retour de l'être qui l'a tant attendu :
Tant que la mort infâme ne l'avais vaincu…

Et au fond de la nuit, j'entends le pas boiteux
De l'ombre de ma chienne à la patte blessée,
Elle luit dans mon âme pour l'éternité,
Et mon cœur dans son cœur, refuge généreux.

VEILLEURS DE VIE

Il y a si longtemps que je veille,
Que je vois les âmes tomber…
Elles meurent sous un ciel indifférent.
Il y a si longtemps que je veille,
Où sont-ils tous passés
Ces anges de l'enfance
Que le temps a volés ?
Les veillées au chant des grillons,
L'ours offert par la grand-mère…
J'ai trop veillé.
Tout est sombre et je suis fatiguée
De voir le ciel s'assombrir et se gorger de grêlons.

BRUME DE NUIT

À toi qui ne m'apparais plus qu'à travers les nuages...Je prendrais bien une infusion de nuit, d'étoiles, de rosée crépusculaire gorgée de lavande, mais j'ai peur que cela ne m'apporte pas le paradis sans l'enfer. Contente-toi de contempler l'aube qui se drape autour de nous, dans son manteau de brume des matinées d'automne. Contente-toi de me répéter que plus jamais tu ne veux que je parle d'elle, celle qui t'a arraché au monde.

LE CADAVRE DE NOTRE AMOUR

Nous nous sommes recueillis sur le cadavre de notre amour...

Aime avant qu'il ne soit trop tard,
Ris avant qu'il ne soit trop tard,
Vis avant qu'il ne soit trop tard,
Savoure avant...
Fais en sorte de mourir avant qu'il ne soit trop tard...

QUAND S'ÉTEINDRA L'ESPOIR

Il me restera d'eux
Comme une odeur de patchouli
Evaporée dans l'air du soir,
Comme un sanglot brûlant
Dans mes veines torturées
Qui seront vidées
De toute leur passion de vivre,
Comme un éclat de rire
Éternel et enfui,
Comme un goût de bonheur
Enterré à jamais
Sous la pierre tombale de l'espoir,
Comme un adieu à tout ce que j'étais,
Comme un souhait de disparaître et d'épouser le néant,
Comme un vœu de tout oublier,
Oublier ce qu'était la vie,
Oublier ceux que j'aimais,
Oublier mes rêves,
Du temps où je vivais…

LARMES D'ICEBERG

Je suis seule au cœur de la banquise
Avec tous ces amants qui ne déchiffrent rien,
Qui m'aiment le temps d'un printemps,
Que j'aime le temps d'un hiver,
Puis que j'oublie d'aimer.
Je ne sais plus aimer,
J'ai la rage des flammes,
Je mange et je détruis,
Je dévore la vie,
Mais j'ai tout consommé,
Il ne me reste plus
Que le goût salé
De mes larmes amères
D'iceberg qui fond
Sous les assauts du temps
Et qui disparaîtra
Dans deux ou trois saisons,
Sans que jamais personne n'ait su en explorer la partie immergée…

FLEUR DE TORRENT

C'est une fleur de torrent sauvage,
Une fleur bleue dans la nuit violette
En proie au tumulte des flots.
Au loin crient les oiseaux de proie,
Au loin crient les mulots
Qui agonisent en silence.
La fleur lutte pour garder son ancrage
Dans le rivage herbeux de l'espoir.
Soudain un rayon de lune
Eclaire sur ses pétales, une larme :
C'est la vie qui scintille en elle,
En sa sève, son âme.

AUBE BLEUE

Elle avait l'aube bleue,
Le charme des villages,
Le parfum des lilas et des violettes douces,
Elle avait le regard
Des êtres qui éclairent
Les chemins caillouteux
De mille braises rousses.
Elle me souriait,
Elle posait sur moi
Sa bienveillance claire qui me protégeait,
Le temps l'a arrachée,
Elle brille aujourd'hui
Dans les nuées brumeuses du ciel bleu roi.
Et moi, en sa mémoire,
J'écris des nuages.

ÉCUME D'ESPOIR

Tout allait pour le mieux tant que fonctionnait le mirage d'éternité, puis tous furent emportés dans la grande marée. Certains furent engloutis. Quelques gouttes de rêves, larmes de vie, écume d'espoir flottent encore dans l'océan.

RÉINVENTER L'ESPOIR

De l'autre côté du désespoir,
L'espoir brillera-t-il encore
De quelques braises ravivées
Derrière les nuages du non-sens ?
Parviendrai-je encore à aimer,
À t'aimer avec les lambeaux de mon cœur ?
À aimer la vie avec les lambeaux de mes rêves ?
Je veux y croire.
Je réinventerai l'espoir.

MIRAGE SUCRÉ

Un merveilleux instant sauvage
Avant de rejoindre les flots,
Un sucré parfum de mirage
Qui se dessine au fil des mots…
Vie, que tu es belle dans ces éclats de douceur,
Dans ces éclats de vie qui brillent sur les pétales du monde,
Comme autant de gouttes de rosée.

ÉTERNELLE NUIT

Quand ils ne seront plus,
Quand la mort cruelle les aura effacés,
Je sombrerai dans l'éternelle nuit,
Pas encore la mort,
Plus vraiment la vie.
Alors je range vite dans les tiroirs de mon âme
Mes angoisses profondes au cœur de la nuit noire.

LA VIE GÈLERA NOS CŒURS

Un jour ma vie s'éteindra
Quand ils ne seront plus,
Eux qui m'ont insufflé la vie,
Eux qui ont sacrifié
Chaque rayon de soleil
Pour éclairer d'espoir
Mes jours perdus.
Lui, quelques larmes qui perlent sur son cœur
nostalgique,
Neige sentimentale des forêts de l'enfance,
Elle, cascade de jais de ses longs cheveux noirs,
Interminable aventure
Dont elle nous a sortis glorieux.
Ses yeux, antiques nébuleuses, soleils d'ébène
De l'immortelle Cléopâtre.
Leurs sourires :
En cours d'évaporation...
Mes veines :
A moitié tranchées déjà.
La vision meurtrière
De leurs cœurs gelés,
De mon âme amputée,
De ma vie brisée.
La nuit gèlera leurs heures,
La vie gèlera nos cœurs.

ELLE AIMAIT REGARDER LES NUAGES

Elle aimait regarder les nuages
Et leurs ailes de coton tressées
Pour s'évader aux brumes rosées
Avec quelques oiseaux de passage…

Elle disait : « Celui-là est ma chance,
Il ressemble à un ange sauveur,
Et il va m'emmener à mon heure
Loin de ma vie, loin de mes souffrances. »

Il lui disait : « Mais non, ma beauté,
Accroche-toi encore un peu… »
Mais les nuages l'ont emportée,
Depuis Elle, ils rayonnent de feu.

SILENCE D'EAU

Révolte et peur du vide
Dansent dans le silence mortel
De mon esprit glacé,
De mon urgence d'absolu
Qui se tait par dépit
De mes angoisses figées
Dans une boue d'argile.
J'ouvre mon âme aux bruits aquatiques
Que font à la surface du lac
Les poissons frétillants de vie
Que guette le pêcheur,
Qui vivent leur dernière heure…
Poisson d'argent brillant sous le soleil
Qui ignore tout de sa servile condition…
Le soleil pourtant
Caresse ma peau,
Apaise mes nerfs à vifs.
Je devine l'herbe que réchauffe l'or
De l'astre vermeil.
Je hume les violettes sauvages,
Les pâquerettes fines et fières
Qui racontent les pétales blancs
De l'insouciance perdue…
Sur le voile de l'eau miroir,
Le ciel a peint son autoportrait.
Les arbres s'y reflètent et deviennent racines,
Racines d'azur, végétal immergé,
Eden noyé. Quelques rêves ont survécu au naufrage.

JE NE FAIS QUE PASSER

Je ne fais que passer dans vos vies ce matin,
Ce soir mon heure aura sonné
Car il est déjà tard
Au soleil de ma nuit
De papillon d'espoir.
J'aimerais vous dire
Que tout continuera
Sous d'autres chrysalides
Mais qu'il n'y a pas mieux
Que la vie, que la vie !
J'aimerais vous dire
Comme j'ai aimé ces regards, ces sourires
Qui éclairaient l'azur
De mes vagabondages…
J'aimerais vous dire
De dévorer les roses de l'enfer
Jusqu'à l'ultime goutte de lave
Saignant du flot de passion
De vos veines bleuies…
J'aimerais vous dire…
Je m'appelle LA VIE.

GOUFFRE

Ceux que j'ai perdus et qui étaient pourtant assis
à côté de moi…

FLEUR DE COTON

Il y a une porte qui ne s'est pas ouverte,
C'est celle qui menait à la fleur de coton.
Nul ne verra jamais son regard étoilé,
Nul ne saura jamais quel eût été son nom.

À UN TRÈS ANCIEN RÊVEUR

Où ton âme rêveuse
A-t-elle trouvé refuge ?
Dans quelle lointaine contrée
As-tu enterré tes rêves ?
Dans quelle cheminée as-tu immolé ton idéal ?

ABSENCES

J'ai dans mon jardin secret
Quelques blessures irréparables,
Quelques absences que rien ne comblera jamais.
Je rayonne autant que peut le faire un oiseau blessé.
Mes ailes d'aurore saignent dans la brume.

À L'OMBRE DE MON ORME

Ne venez pas me voir sur les pierres de glace…
Là où je reposerai,
Plus besoin de personne à mon âme nuage.
Je voguerai au gré du vent et le vent me comprendra
Comme il l'a toujours fait lorsque je promenais
Mes poumons vagabonds luttant contre le temps
Dans l'Eden infini qui ne s'éteint jamais.

MON FRERE, JE TIENS TA MAIN

Mon frère,
Je suis avec toi dans ce grand avion étrange,
Je tiens ta main,
Nous observons les étoiles,
Il ne fait plus froid,
Où allons-nous ainsi ?
Vers la mort ?
Vers la vie ?
Vers tes rêves ?
Tu n'as pas peur,
Je n'ai plus peur,
Je pleure,
Tu me souris,
Les étoiles n'ont jamais été aussi scintillantes
Qu'à travers les parois de verre
De cette immense bulle qui nous fait flotter dans
l'espace…
Je m'éloigne un instant,
Je m'adosse contre les jambes d'un jeune homme
que je ne connais pas.
Il m'accueille avec bienveillance,
Il m'offre un pétale, un sourire enjôleur.
Je reviens vers toi,
J'espère que ce ne sera pas notre dernier voyage,
Tu es en vie, ce n'était qu'un cauchemar. Je revis.

DUEL PASSION CONTRE MORT

Danse délicate des feuilles orangées,
Ecorce chamarrée,
Brise légère imbibée d'épices,
Mésange huppée
Affrontant le ciel noir,
Rayon d'espoir
Qui transparaît
Derrière le masque de la mort,
Prisme scintillant de vie,
Arc-en-ciel de rêves à l'horizon…
La passion a triomphé
Jusqu'au prochain ouragan.
Je suis là, dans tes bras, et j'oublie le néant.

RÊVE FOU

Qu'est-ce vraiment que la vie sinon un rêve fou ?

FLAMMES PURPURINES

Il ne restera rien des flammes purpurines
Qui embrasent nos cœurs en fusion dans les cieux,
Il ne restera rien des rochers de basalte
Qui pavent le chemin de nos rêves brûlants…

Il ne restera rien des cascades de lave
Qui jaillissent au creux de nos âmes rebelles…
L'amour aura passé
Et nous aurons fané,
Comme des roses des sables
Effacées par le vent…

Tous nos mots assemblés, nos poèmes, nos rires,
Tout sera oublié,
Nous n'existerons plus,
Et puis un beau matin,
Un mistral un peu fou
Soufflera sur les pierres des volcans éteints,
Et un souffle d'espoir
Viendra ressusciter
Les braises de nos vies
Et les faire renaître au ciel bleu-orange.

ÉTOILES DE BRAISE

Feuilles de braise rougies par le temps,
Etincelles d'Asie,
Fleurs de passion scintillantes,
Poisson d'argent.

Nuages de guimauve,
Etincelles de souvenirs,
Cocon mimosa de l'enfance,
Arbre démembré de l'atroce grisaille,
Larmes de basalte.

Bourgeons de printemps,
Fontaines de jouvence,
Tribu de mes anges,
Vous étiez là hier,
Achetant des bijoux de bois sculptés,
Dégustant des glaces à la pistache ou au curaçao,
Où êtes-vous passés ?

PULSION DE VIE, PULSION DE MORT

Pulsion de vie, pulsion de mort,
Folie qui me lacère le corps,
Pulsion de mort qui me détruit
Passion qui ramène à la vie.

MON ESPRIT D'EAU ET DE FEU

Pars mon âme,
Pars et ne reviens jamais.
Ne m'appelle pas au détour de quelque rêve céleste,
Je risquerais de replonger.

Ne hurle pas dans le vent des alpages
Que tu voudrais me retrouver,
Ne fouette pas mes joues glacées
De ta vigueur boisée.

Oublie,
Ne te souviens jamais que ma bulle de plomb
Pourrait éclater,
Que ta prison de corail
Pourrait s'évaporer.

Ne te dis jamais que la vie
Pourrait s'écouler
Dans un monde où le feu et l'eau

Pourraient cohabiter.

OCÉAN D'ART

Nous ne sommes que des gouttes d'eau dans l'océan de la création.

VAGUES DE TOI

Te souviens-tu des vagues qui nous transportaient
Et que nous chevauchions âme et cheveux au vent ?
Je revois ton sourire et tes larmes d'enfant
Et nos rires enfuis dans l'océan de jais...

Tu te hissais, heureux, au sommet d'un rocher,
Tu me disais souvent « Le monde m'appartient »,
Tu étais prétentieux, tu défiais le destin,
Tu nous croyais unis devant l'éternité.

Tu humais les embruns de notre adolescence,
Les parfums interdits qui nous étaient offerts,
Tu m'offrais l'infini et je t'offrais l'enfer,
La torture de l'âme et l'extase des sens.

Aujourd'hui la marée m'a éloignée de toi
Mais dans le sable blanc qui recouvre la plage,
Les paillettes scintillent de tes yeux de rois,
Je t'entends m'appeler au cœur des coquillages...

CHEMIN DE TOI

J'ai laissé une partie de nous
Sur ces pierres calcaires
Que nous piétinions,
Sur les herbes hautes
De ces champs de blés murs…
Nous sommes morts toi et moi,
Une partie de mon âme est restée sur ce chemin.
Tu ne m'a pas oubliée, je ne t'ai pas oublié,
Mais le vent a dressé entre nos vies des haies de mistral brûlantes.
Nous sommes devenus amis de résistance.
Le jour où j'irai rejoindre les ombres,
Tu ne seras pas là pour me tenir la main.
Puis tu m'appelleras au cœur des ténèbres,
Mais les pierres ne renverront que l'écho interminable de ceux que nous étions.

NUAGES DE VIE

Ton rire se pose sur les cimes de mes angoisses.
Tu es « on ne peut plus vivant », tu rayonnes à travers mes nuages.

LES HERBES

Là-haut sur la crème des vagues il y a ton rire.
L'ouragan a noyé mes rêves de citron,
Les herbes poussent jusqu'à six-pieds sous terre…

Les herbes, ces chevaux au galop bercés par le mistral,
C'est la houle rebelle de la Liberté
Dans les vallons de la résistance,
Les herbes, ce sont des existences volées.

LA DERNIÈRE HEURE

Dites-moi que je suis encore en vie,
Dites-moi qu'ils ne sont pas morts,
Que j'entendrai encore leur voix,
Que leur sourire se lèvera encore après la longue nuit,
Qu'il restera encore un peu de vie,
Et d'autres regards à cueillir,
D'autres peaux à caresser,
D'autres âmes à conquérir,
D'autres passions à savourer,
D'autres vies.
Dites-moi que ce n'est pas fini,
J'aimais tellement vivre…
Donnez-moi d'autres vies !

JE DÉFIE LA MORT

Je défie la mort et tous ses sortilèges. Une légère brise caresse ma chevelure d'ébène. Il pleut.
Le soleil s'est enfui avec ma liberté.
Mais j'irai la reconquérir.
J'irai, au galop, sur mon cheval de jais, je naviguerai sur les vagues ténébreuses d'un destin rebelle. Et une fois l'enfer embrassé, j'avancerai pas à pas sur les braises brûlantes, sans jamais rebrousser chemin. Je décrocherai l'avenir à la voûte étoilée. Des constellations d'espoir luiront jusqu'à la dernière heure dans mon regard de panthère.
La mort vaincra, comme l'exigent les lois du monde, mais j'aurai, jusqu'à mon dernier souffle, embrasé le chaos d'une rage de vivre insolente, d'une étincelle d'éternité.

GEÔLE GLACÉE

Je voudrais m'envoler dans la brume, abandonner sans regret ce carcan givré. Je ne puis plus endurer de vivre cloîtrée entre les barreaux infâmes que l'hiver a érigés entre mes rêves et la réalité. J'en érige moi aussi, je l'avoue, car tant de glaçons sont imbriqués les uns aux autres, tant de menaces sont déployées au-dessus de nos têtes comme des stalactites meurtrières. Je n'en puis plus, j'abdique où je m'évade. Plus aucune pièce ne peut être déplacée sereinement sur cet échiquier de malheur. Tout est figé dans la glace. Je cogne aux congères bleues qui me séparent de la liberté. Mais personne ne m'entend. Ces parois semblent indestructibles, infranchissables. Je ne peux plus rien pour vous, je vous abandonne. Insultez-moi, si le cœur vous en dit, je m'apprête à rejoindre le soleil et ses bras apaisants tissés de brume embrasée . Je gis sur l'asphalte d'un nuage. Laissez-moi mourir. Laissez-moi partir…
Vers l'éternité.

ABÎME FLAMBOYANT

Et si ce soir l'abîme ouvrait grand ses bras vers
l'éternelle nuit ?
Et si ce soir j'abdiquais ?
Qu'y a-t-il de plus puissant dans l'univers que le
rêve ?
De plus atroce qu'un cauchemar ?
Accrochons-nous aux facettes lumineuses d'un
prisme d'améthyste.
La vie est belle dans les yeux de l'amour.
Nous nous sommes sauvés...

LES PLUS BELLES ÉTOILES SONT CELLES DES RÊVES

Ne pleure pas, si tu vois quelques rêves s'envoler,
S'ils s'évadent de tes doigts avant d'avoir été savourés.
Réjouis-toi :
Ils resteront à jamais merveilleux,
La lune ne brillerait plus pour toi
Si tu la décrochais des cieux.

Bien sûr, le sort te privera
De quelques projets scintillants,
J'ai connu moi aussi le trépas
De quelques renoncements,

Mais n'oublie pas que tes rêves de miel,
Les plus beaux sont ceux qui jamais
Ne franchiront la barrière du réel,
Ceux qui continueront à couler
Dans la sève,
De tes fleurs imaginaires.

Ils garderont le bel éclat
Des rêves non réalisés,
Des frontières jamais atteintes,
Le goût des rivages impossibles,
Des nuages inaccessibles.

Rappelle-toi :
Il est certains rêves avec lesquels aucun réel ne pourrait rivaliser :
Les plus belles étoiles sont celles des rêves.

POÉSIE, MON AMOUR

Je t'ai portée dans ma main,
Tu étais belle comme un souffle prêt à s'éteindre.
Tu transpirais
De ta sève océanique
De fleur bleue,
Tu dardais tes piquants
De condamnée.
Je guettais
Les vagues de tes côtes…
Pourvu qu'elle vive,
Pourvu qu'elle respire…
Tu parlais
En alexandrins,
Tu chantais en vers libres,
Tu mourrais…
En poésie, en ciel, en mer, en nage,
Au soleil couchant de notre destinée.
Tu es morte cent fois
Mais tu renaîtras, mon amour,
Sous la plume de mille poètes,
Aux premières lueurs du jour.

ÉCLATS DE RENAISSANCE

L'aube se fraye un chemin
A travers les ténèbres en cendres,
Etincelles d'espoir,
Eclats de renaissance.

VI-
L'APOLLON DE L'ESPOIR

Dans l'écharpe d'Iris

L'APOLLON TURQUOISE, APOLLON DE L'ESPOIR

Et soudain je t'aperçus,
Moi qui étais depuis longtemps plongée dans la nuit noire,
Et soudain je te reconnus,
Tu portais dans tes yeux le flambeau de l'espoir.

Ton regard : la clarté d'un océan serein,
Ton sourire : celui qui m'attendait pour me sauver de mon destin.

Tu apaises les maux de mon âme rebelle,
Je me sens immergée dans ta sérénité,
Ce nuage turquoise au goût de mirabelle,
Tu es ma joie de vivre et mon éternité.

Tu danses et tu m'invites à valser avec toi
Dans ce « tango Passion » qui s'écrit tous les jours,
Sur nos pages de vie où je t'ai sacré Roi,
Apollon de l'espoir, tu es mon seul amour.

LE SOUVERAIN DE MES NUITS

Derrière les cèdres bleus la vie s'est arrêtée,
Imperceptiblement sous les assauts du vent,
La cascade des rêves a été asséchée
Dans son lit de calcaire désertique, mourant…

Et puis, tu m'apparais entre les barreaux noirs
De la cage glacée qui enferme mon cœur,
Dans les griffes rougies des souvenirs d'espoirs,
Et dans ce sablier d'immunosuppresseurs…

Derrière la vitre, mes grains de vie s'écoulent.
Derrière les barreaux, ton rire m'éclaire.
Où puises-tu cette étrange sérénité
Qui arrache les armes de mon cœur barbare ?
À toutes les tombes que tu me fais oublier,
Je dédie le bonheur auquel tu me fais croire,
À toutes les larmes versées aux catacombes du réel,
Je dédie l'espoir.
Personne ne doit jamais connaître
Les souterrains de notre « in-humaine » condition
! Aux armes, élixir des utopies !

PLONGEON

Je plonge mon âme en sang dans tes lèvres framboise,
Dans les lueurs ambrées de ton regard azur.
Je vois le monde à travers le prisme
De l'amour solaire qui flambe dans ton être,
Qui rayonne et t'incarne,
Ou que tu es, peut-être :
L'amour universel dans un être de chair,
Toi mon péché, mon rêve, mon doux enfer.

CANTIQUE À L'ANGE TURQUOISE

Ce matin j'étais la première réveillée. Je contemplais sur les corolles parme des althéas les gouttes de rosée éphémères dans lesquelles se reflétaient les premières lueurs de l'aube. Mon amour dormait encore. Je fus soudain envahie par l'insupportable prise de conscience de sa nature mortelle. J'observais la lumière qui se posait délicatement sur les boucles dorées de ses cheveux en bataille, et je me sentais connectée à l'Amour universel. Je n'étais plus Parme et il n'était plus Mylon. Nous étions Elle et Lui, l'homme et la femme universels, les mêmes depuis la nuit des temps...

Mon amour dort encore.
J'attendrai que s'ouvrent les althéas...
Pour l'heure, la rosée se déploie
Et j'ai des remords...
De n'avoir que trop peu goûté
Aux délices de l'enfer,
Je rêve de me perdre dans les blés
De ses boucles mellifères,

Dans son regard marin centré
D'une étincelle qui le fait roi,
Quand la Voie lactée s'offre à moi
Dans ses yeux étoilés.

Autour, les blés inondent ma vue,
Et devant la nature, je me noie dans sa force,
Et le printemps jaillit une nouvelle fois
De son écorce.

Le délice d'une baie framboisée
Me plonge dans une joie champagne,
Des essences de myrte, azurées,
Embrument la campagne...

Une fraîcheur de bleuet, de cassis...
Et la candeur...
De son adolescence envolée
Dans l'écharpe d'Iris...
En sueur.

Et sa puissance de prince antique
Qui inonde mon cœur indomptable
De son flot dont l'écume magique
Irise le sable,

Ramène en moi le souvenir
De villes aux mille saveurs,
D'ombres rosées dansant sur les délires...
De mes peurs,

De sa présence qui m'a réchauffée
Une fois de plus dans cette autre chambre,
Dont la vieille tapisserie mordorée
A englouti nos regards d'ambre,

Des jours où nos âmes condamnées
Flottaient sur les coques insouciantes
Des fruits de la complicité
Sur des flots de saphir et de menthe.

L'AUBE S'ÉVEILLE

Lorsque l'on revient du couloir sombre de l'agonie,
Chaque grain de lumière est un émerveillement.
La réalité scintille comme la nature après la pluie…

L'aube s'éveille,
J'ai dévoré toutes les étoiles
Dans la nuit indigo de ton regard,
Dans l'amour que nous faisions,
Fenêtre ouverte sur le jardin de la mort,
Vibrant en osmose avec le chant d'un grillon amoureux,
D'un oiseau qui pleure dans la nuit,
Humant le parfum violet des fleurs mellifères,
La brume bleutée imprégnée d'une saveur d'abricot mûr,
Accueillant en moi la rivière lactée de tes vergers.

L'aube s'éveille aux quatre coins du monde,
Sur les monts verdoyants, les sables du désert,
Sur la robe bleutée des océans sereins,
Sur les enfants qui jouent dans les rues, à la guerre
Sans savoir qu'elle signera leur fin…
Elle dépose mille paillettes de sève
Sur les fleurs perlées d'une rosée luisante,
Elle dessine une auréole de rêve
Au-dessus des nouveaux-nés
Et au-dessus des tombes.

Elle accueille dans ses bras de rose
La vie accouchée des abysses
Du rift brûlant de lave
Des amours d'Orphée et d'Eurydice.
Elle dépose dans chaque regard,
Dans tous les yeux de tous les êtres,
L'éclat sacré
De la lumière dorée et sanguine,
Qui au travers des feuilles illumine
Le Tout de son éternité.

L'IVRE DE TOI

Ce soir l'instant est éternel,
Il brille en ton regard brûlant,
Il déchire les murs du temps,
Et mon sang bout dans l'hydromel.

La vitesse et la nuit m'enivrent,
Est-ce toi qui me rends sauvage ?
Je te dévore comme un livre
Je te lis, tu tournes mes pages.

Nous nous enfuyons sous la voûte
Etoilée de tous nos désirs,
Dans ce cabriolet je goûte
Au plus précieux des élixirs :

Celui de la pulsion de vie,
Être plus que jamais vivants,
Je sens vibrer dans l'infini
Ta fougue et ta force d'amant.

Et puis nous repartons goûter
Aux ténèbres qui nous embrument,
Au croissant qu'on voit défiler
Dans l'air du couchant que l'on hume.

Et la musique des comètes
Palpite en nos deux cœurs blessés,
Si j'écris cette vie de fête,
C'est à l'encre des condamnés.

BAL PASSION

M'accorderas-tu cette danse ?
Viens, je te ferai oublier
Le temps, la mort,
Saisis ta chance !
Prends ma main et partons danser.

Allons tournoyer à la vie,
Et danser au pied des cascades,
Vite ! les secondes s'enfuient
Et mon cœur bat la chamade.

Viens, grimpons sur les hauts sommets,
Valsons dans les neiges diaphanes,
Dansons le plus beau des ballets :
Celui des cœurs qui se fanent

Mais qui brillent avant de mourir,
Qui font la vie, l'or et l'amour,
Dansons, vite, bientôt le jour
S'éteindra, il faudra partir…

Déjà les volcans se déchaînent,
Bientôt il ne restera rien,
Jetons dans la lave les chaînes
De tout ce qui nous retient.

Embrasse-moi au cœur du bal,
Dans des volutes de passion,
M'enivrer de ta force mâle
Sera mon ultime horizon.

AMOUR DE MÉTÉORE

Les replis sirupeux des pétales d'aurore
Ont envahi la nuit d'un parfum de muscat.
Le ciel, on le savoure aux princes météores
Qui offrent au néant leurs flammes d'apparat.

Aux souvenirs cueillis les beaux matins d'automne,
En feuilles de mystère, en larmes de rosée
Succèdent les présents tuant le monotone
De la pluie, le printemps, la vie, la charité.

Toi mon amour cueilli aux portes de l'enfer,
Apprends-moi à garder cet émerveillement,
Que tes larmes bénites soient mon seul suaire.

ÉCRIS-MOI L'AMOUR

Demain matin, c'est dit, nous partons en voyage
A travers les champs d'or, de rimes, de lavandes,
Dans nos cœurs, nos écrits comme unique bagage,
Dans nos mots, la passion, la nature en offrande.

J'avance et je t'écris un sourire complice,
Tu écris sur mon ombre la couleur du jour,
Je t'écris un baiser sur tes lèvres, délice,
A ton tour de jouer, viens, écris-moi l'amour.

REGARD D'ABSINTHE

Aux portes de la nuit, ton regard m'enivre,
Quelques reflets turquoise éclairent le néant,
Me voilà envoûtée, et mon corps se livre,
Sous la lune argentée ourlée de firmament.

Tes lèvres m'ensorcellent, le gingembre rose
Etincelle en mon sein de mille flammes d'ambre,
Tu ris et tu célèbres la vibrante osmose
Des étoiles qui s'aiment, des corps qui se cambrent.

Tes assauts, force mâle incandescente et douce
Transportent le soleil aux confins de la nuit,
Mon ciel, c'est l'absinthe qui dans ton regard luit,
Je m'enivre de toi, poison de mes nuits rousses.

FORÊT D'AMARANTE

C'est vrai, cette nuit-là, je ne t'ai pas attendu. J'ai préféré m'enfuir à l'autre bout des rêves, dans cette geôle infâme où je me complais à m'enfermer. Aurais-je dû écouter l'irrépressible appel de ton charme sauvage, me jeter corps et âme dans le ventre brûlant de ton appétit mystérieux ? Je crois que j'ai eu peur, peur de m'égarer dans ce labyrinthe lugubre de ton inconscient, peur de ton parfum d'étoiles et de musc.

Je reste là, comme pétrifiée, sous un ciel d'ébène insolent, adossée au tronc martyrisé de ce chêne centenaire que tant d'amants ont scarifié pour y apposer leurs empreintes.

Je reste là, à ne pas t'attendre, dans cette forêt de basalte où tout brûle de mon désir pour toi.

J'ai congédié l'espoir. Je me suis abreuvée aux torrents d'absinthe. Ne laisse pas ma sagesse célébrer sa victoire meurtrière au-dessus de nous.

Surgis de nulle part, brave les barrières du néant, et retrouve-moi aux cascades brumeuses, pour un ultime éclat d'absolu.

Emporte-moi dans ta fougue délicieuse, comme si ta dernière heure était arrivée, comme si tu célébrais en moi l'ultime pulsion de vie, brûlante, urgente, pour cracher au visage de la mort.

PARFUM DE DÉLUGE

Il pleut. L'herbe boit l'écume des flaques qui nappent le sol assoiffé.
Il flotte dans l'air comme un parfum de passion et de foin mouillé.
La terre rousse devient onctueuse,
D'une douceur à masser ton corps et ses lignes viriles,
Comme si je te sculptais.
Mais la nature t'a déjà façonné
Comme un colosse au cœur d'argile,
Ton regard est foudre d'orage,
Le déluge redouble…
Tempête d'Apollon,
Éros, célèbre en moi l'amour.

AUBE IMMACULÉE

L'aube scintille dans sa robe transparente
D'un incomparable éclat d'éternité.
Je t'aperçois au loin,
Tu arpentes les névés de coton
En quête des premiers crocus,
De la vie neuve et verdoyante
Qui surgit de la croûte glacée.
Tu rayonnes de sérénité,
Tes cheveux volent au gré des nuages
Dans le paradis des choucas,
Ton sourire séraphique éblouit les anges
Comme en son temps,
Celui de l'amant des hauts plateaux
Que la vie m'a arraché…

MON ANGE DES VAGUES

Lorsqu'un souffle bleuté caresse sa peau d'ange
Et rayonne de vie sous la voûte étoilée,
C'est tout un univers nocturne, pailleté
Qui danse et qui rayonne de ses flots étranges.

Ecrivons la rencontre du jour et de la nuit,
Même si tout n'est qu'illusion,
Nous aurons savouré ce mirage.

Si je laisse mes mots, mes rêves divaguer,
Il n'y a que mon amour, il n'y a que mon amour

Si je laisse mes mots et mes rêves voler,
Il n'y a que mon amour devant l'éternité.

NUIT D'ÉTÉ

Nuit d'argent étoilée,
Plaine d'or grillée,
Reflétant la lueur ambrée
Des parfums d'été...

Souvenirs d'amours fraîches
D'onctions boisées,
Délicatesse
D'ombres fruitées.

Délire de nuages éventrés
En proie au mensonge des sens
Trahissant la déchirante vanité
D'un songe d'évanescence...

Qu'encensent les larmes inavouées,
Peurs invaincues,
Avant-goût suave et salé
De l'inconnu.

Des secrets de mers d'opale
Désenchantées
Voguant vers les rêves de cristal
D'une nuit d'été.

Des âmes en fusion sur le sable
Déjà écoulées
Enfuies vers le songe inlassable
D'avoir aimé.

IDYLLE VAGABONDE

Depuis la nuit des temps, je marche à travers
champs,
Je défriche des blés vierges de pas humains,
J'ai laissé au soleil mes espoirs d'enfant,
Et je cueille aujourd'hui le bonheur quotidien.

La nature est ma vie, ma foi, ma liberté,
Je n'emprunte jamais deux fois le même sentier,
Si certains profitent du chemin tracé
Par mon âme indocile, c'est tant mieux pour les
blés.

Depuis la nuit des temps, je me fonds au
couchant,
Et j'habille mon corps aux reflets du soleil,
Mais à ceux qui voudraient l'essayer quelques
temps,
Je leur prête ma robe orangée et vermeille.

Depuis la nuit des temps, je cueille des comètes,
Je sabre le champagne dans la nuit bleutée,
Si certains veulent boire mon champagne sabré,
Je laisse la bouteille, la vie est une fête.

Il y a tant de bonheur à cueillir au ciel bleu
Et tant à partager avec ceux qui vont mal,
Je laisse toutes mes fleurs, tiges, cœurs et pétales
Sans le moindre regret, car rien ne vaut tes yeux.

Je ne cueille jamais deux fois la même étoile,
Si une étoile sombre, je file entre ses doigts,

Si certains ramassent les miettes de mes joies
Je suis ravie pour eux, pour moi, je mets les voiles,

Toutes voiles dehors avec toi mon amour,
Toi, celui qui as su toujours tenir un cap,
Toi qui sais ramener lorsque mon cœur dérape
La nature, notre vie, la liberté toujours.

ÉTOILE D'OCÉAN

Je te choisis encore,
Toi, étoile parmi les étoiles,
Toi ma passion turquoise et lumineuse
Comme les flots marins parsemés d'astres fous.
Je te choisis,
Toi, amour devenu au fil des orages,
Toi qui sais mieux que moi dompter mes peurs bleues,
Je te choisis,
Toi le damné, mon compagnon de voyage
Placé par le destin sur mon chemin de feu.

NOUS IRONS

Nous irons, j'y crois encore
Cueillir le cassis et le myrte
Sous le soleil de plomb…
Que je serai toi !

Nous baignerons nos pieds brûlés
Par le tranchant des pierres du chemin
De nos vies assassinées
Dans les rivières du destin…

La nuit, regarde, la lune est rousse !
Que chantent les grillons ! Et les herbes !
Les lits de mousse…
Que tu sois à moi !

Le ver luisant y croit…
Dans sa prison…

Les vers grouillent sous la Terre
Mais nous sommes bien,
Nous crachons sur la misère
Qui nous a faits humains…

Car tu y crois, n'est-ce pas ?
Je lis l'espoir dans le torrent
Qui s'échappe de ton regard d'amant.

Vois-tu le soleil qui flamboie
Derrière les cèdres centenaires,
La rose qui renaîtra

De notre enfer ?

Vibre, sens, respire, écoute...
Ah qu'il est bon
De sentir les gouttes
De nos rêves moribonds
Qui brûlent de cette vie folle
Qui scintille partout...
Que je crois en toi !
Que tu sois nous !

ON M'APPELLE « ESPOIR »

Je t'ai croisé un jour aux vallées de la mort,
Et toi tu rayonnais, et tu me souriais,
Les ténèbres en feu se souviennent encore
De l'éclat de tes yeux bravant la nuit de jais.

J'ai contemplé les traits de ton visage d'ange
Rayé de ci, de là, par des égratignures,
Tu revenais je crois du combat le plus dur
Contre la destinée qui nous ronge et nous mange.

J'ai caressé ton corps aux lignes d'Apollon,
J'ai savouré tes lèvres au goût de raisin noir,
Puis je t'ai demandé quel était ton prénom,
Et tu m'as répondu : « Je m'appelle Espoir »

Alors, je t'ai dit « Espoir, écris-moi l'amour »
Comme les hommes font depuis la nuit des temps,
Ecris-moi la passion et l'extase des jours,
Ecris-moi, que ta fougue soit mon firmament.

FRUIT DE RENAISSANCE ET D'ESPOIR

Le jour se lève sur les murailles dorées de la petite ville, déposant ses rayons roux sur les raisins gorgés de lumière et sur ta peau halée. Ton regard scintille comme au temps des premiers hommes et je suis la première femme devant l'éternité. J'observe ta silhouette virile drapée dans cette toge de lin blanc, je dessine tes contours, ta barbe naissante et tes mollets musclés. Il se pourrait que tu me plaises, je suis comme happée par ta présence.

Soudain, tu prononces mon nom sans jamais l'avoir appris de quiconque, tu m'affirmes que tu reviens des vallées de la mort, que tu as vaincu le Destin. Le figuier me nargue, mon regard se perd dans son feuillage vert bercé par le vent. Portée par une pulsion de vie incontrôlable, je cueille une figue, je croque dedans à pleines dents et je déguste sa chair mielleuse et sucrée.

À peine ai-je eu le temps de savourer ce fruit délicieux que je te vois t'évaporer peu à peu, comme un mirage, devant mes yeux impuissants.

J'ai mangé un fruit de l'arbre de la renaissance, tu m'as ressuscitée. Ma punition sera de ne jamais pouvoir te rencontrer, toi qui es mort avant de me ramener à la vie.

AMOUR DE MIEL

Mon amour tu es là, heureusement, pour me
protéger des épées de Damoclès
Qui me hantent de leurs assauts récurrents.
Ton sourire me ferre
Au bonheur de sentir
La joie étincelante de ton cœur
Cachée sous ta peau abricot.
Ton regard abreuve
Ma soif de sérénité,
Ton rire apaise
Mes blessures passées.
Tu m'a sauvée de lui, mon amour de jadis,
Tu m'as sauvée de moi.

L'APPEL DE LA NUIT

L'amour embrase la nuit,
Mon amour m'embrasse,
Il éclaire ma vie
De mille mots « passion »,
Me vient l'inspiration
En cet instant de grâce,
Jusqu'à l'aube velours,
J'écris après l'amour.

NUIT DE TOI

Eclat de nuit, je vis sous ton regard,
Sous ta chaleur fauve.
Je goûte à la nuit souveraine,
La nuit qui enivre mes sens
D'effluves indigos,
De saveurs pimentées,
D'embruns sauvages.
Je cueille quelques étoiles
Bleu outremer.
Sur ta peau la vie pétille,
Je m'abreuve
Aux fontaines de curaçao.
Mon corps ensorcelé
En rage,
En nage,
Croque la vie sous la lune iodée
Gorgée de miel,
La flamme coule
Dans tes veines qui palpitent
De ce torrent rubis
Viril et indomptable,
D'une passion incandescente et océanique,
De ta pulsion de vie
Qui raconte à mes lèvres violettes
Leur appétit vorace,
Et l'urgence de ta soif,
La fougue de ton âme sauvage,
Que tu exprimes en moi
Par flots d'écume marine,
M'inondant de ta chaleur sereine et envoûtante.

TA VIE SERA BELLE

Ta vie sera belle
Si au-delà des brumes,
Des fumées de non-sens,
Des volcans et des tsunamis furieux,
Tu aperçois l'indescriptible regard
De l'être qui te fera éclore,
De celui qui t'éveillera aux merveilles
De cet irrésistible élan de joie et de passion
Qu'est la vie.

NOUS NE MOURRONS PAS

Nous ne mourrons pas,
Car je suis l'écume éternelle
Ce soir entre tes bras de volcan fou
Qui embrasent l'océan du réel...

Nous ne mourrons pas
Car rien n'est plus intense
Qu'une parcelle d'infini savourée
Dans les paillettes ambrées de ton regard.

Nous ne mourrons pas
Car lorsque la mort passera
Dans sa robe de charbon et de sang
Nous ne la reconnaîtrons pas.
Nous serons trop occupés
À célébrer la vie,
À faire l'amour
Sur nos propres tombes.

Il n y a pas d'histoire sans fin,
Les vagues du temps
Se sont déjà évaporées
Dans la nuit cruelle,
Contre notre Eden brûlant,
Dans les congères givrées
Des griffes du néant.

Mais nous hurlerons jusqu'au dernier souffle
Notre foi
En l'éternité de l'instant.

Et l'amour universel
Plus fort que tout,
Du haut de nos idéaux,
Triomphera du néant.
La passion est la sœur flamboyante de l'espoir.

SEULS FACE À L'IMMENSITÉ, SEULS DANS L'AZUR

Ton regard diffracte mille éclats d'azur.
Tu inondes l'air transparent d'une écume de sérénité.
Ai-je vraiment existé avant notre arrivée ici ?
Je ne m'en souviens pas.
Les narcisses dansent nonchalamment au bord du ruisseau
Frôlés par les assauts du vent.
Autour de nous, l'infini déploie ses vagues verdoyantes d'espoir,
Le silence se tait pour mieux nous absorber…
Tu me souris,
Je te rejoins,
Tu fonds en moi pour célébrer la vie.

COMME UN ÉCHO DE TOI ET MOI

Quand la mort en robe de pierre aura eu raison de nous,
Quand les fleurs de cimetière seront le seul vestige de joie,
Quand le temps aura oublié nos âmes bleues, nos rêves fous,
L'azur mort vibrera peut-être d'un écho blanc de toi et moi,

D'un écho blanc comme un nuage passant dans les cieux endormis,
Comme une guimauve sauvage qui s'embrase à la nuit venue
Pour illuminer le couchant de sa pulpe passion de fruit
Comme s'aimaient seules sous l'orage nos deux silhouettes sombres et nues,

D'un écho éphémère et doux comme un bref battement d'ailes,
D'un citron s'abreuvant de miel aux étamines ensoleillées,
Comme un silence assourdissant bien trop paisible et éternel,
Comme la vie qui se languit depuis que l'on a déserté.

À TOI

A toi qui m'accompagnes par-delà le vent,
Par-delà le temps,
Dans mes nuits de ténèbres et dans mes pluies d'extase,
Dans l'ombre du néant et dans l'or du jour,
Sache que ton regard est la source sereine
Qui habille mes mots de ses flots de passion.
Dans tes bras d'oxygène, je suis libre comme l'amour.

CŒUR D'ORANGE

Au marché du bonheur nous nous évaderons,
Nous nous délecterons des olives et des abricots mûrs,
Nous irons pieds nus sur les rives
De notre futur.
Nous serons ivres
De joie de vivre,
De plénitude,
De la chantilly,
Que tu aimes déguster
Aux terrasses de la vie.
Et je volerai encore une fois
Ton cœur d'ange,
Que le destin aura posé devant moi…
Sur un plateau d'oranges.

POTION DE VIE

Tu verras, nous irons encore à pied, entre les
genévriers
Et la lavande sauvage,
Faire les courses au village.
Tu verras, si la soif nous tiraille,
Nous trouverons aux torrents de l'aurore
La potion de vie
Suave et délicieuse
Qui nous ressuscitera.

FIRMAMENT

Allongée sous la voûte étoilée,
Dans ma robe de satin noir,
Je contemple la Voie lactée,
Je hume les parfums du soir.

Mes cheveux d'ébène bouclés
Coulent comme une rivière sombre
Dans l'herbe tout juste arrosée
Par les gouttes nacrées de l'ombre.

Au ciel je contemple la danse
Des étoiles du firmament,
S'aiment-elles comme les vivants ?
Non, c'est bien sûr une évidence.

Pourtant elles écrivent des rêves
Inimitables dans le ciel,
Elles impriment à l'encre de sève
Quelques paroles éternelles…

Et quand viennent « le temps et l'heure »,
Quand la nuit remplace le jour,
Les étoiles scintillent en cœur,
C'est leur façon de faire l'amour.

ÉTOILES SUSPENDUES

Nous nous éteindrons mon amour,
Comme deux étoiles suspendues aux fils d'argent
De destins extravagants
Qui nous effacent jour après jour.
Nous oublierons cette lumière
Qui scintille dans les abysses
De nos cœurs en proie au supplice,
De nos corps voués à la terre,
Ces braises d'or et de passion
Qui dans ton regard turquoise
Me font oublier la prison
Où brûlent nos âmes grivoises,
Pour tenter d'oublier un instant
L'injustice de nos destinées,
La loi humaine nous condamnant
A des rêves d'éternité…
Et je plonge éternellement
Dans l'écume de tes yeux rieurs
Dont tes larmes inondent le rocher
Que la vie a fait de mon cœur.
Je tente d'immortaliser
En mon âme qui déjà s'effrite
Les pépites d'éternité
Qui naissent sur tes lèvres qui palpitent
De cette pulsion d'exister,
De cette passion qui flambe
D'étincelles d'éternité,
De deux êtres qui se ressemblent.

FEUILLE DE VIE

M'aideras-tu à vivre sous la menace
Nos existences torturées
Nos quotidiens de condamnés,
Nos conditions humaines qui tracent
Nos chemins interrompus
Du jour au lendemain…
Tiendras-tu ma main lorsque nous ne serons plus ?
Aujourd'hui entre les branchages
De la forêt aux écureuils,
Je veux cueillir des feuilles
Sans âge…
Je veux humer dans les champs de foin
L'odeur de l'herbe séchée au soleil,
Choir dans l'extase corporelle
Jusqu'à demain,
Sentir le parfum de l'aurore
Qui s'évade de ton âme d'enfant,
De chacun de tes pores,
Te sentir vivant…
Et me draper dans la brume étoilée
Qui reviendra ce soir,
Contre toi me réchauffer,
Dans le noir.

VII-
QUE L'ESPOIR EMBRASE LA NUIT

Rose humaniste

À L'ENCRE D'ESPOIR

J'écris pour tous ceux qui ont un cœur brûlant
Caché derrière une armure de basalte
Qui leur colle à la peau,
J'écris pour tous ceux qui ont souffert dans l'ombre,
Dans les catacombes de glace
Des guerres et du non-sens,
J'écris pour ces silences qui ne seront jamais comblés,
Pour ces larmes jetées dans l'océan indifférent
Et recueillies dans une coupelle de givre,
Figées dans le néant.
J'écris pour ceux qui croient encore à leurs rêves,
Pour ceux qui tendent la main à l'autre,
L'autre qui ne leur ressemble en rien,
J'écris pour tes yeux,
J'écris aux rêves
Pour que nous puissions y croire
Encore…

CONDITION HUMAINE

Au plus profond des ténèbres et du néant,
Dans les sentiers du labyrinthe interminable de nos âmes,
Il y a une petite voix qui dit « jamais, jamais, jamais. »
Elle se tait puis elle vocifère,
Elle crie « je t'aime »,
Elle crie « toujours »,
Elle crie « rien ne dure »,
Elle crie « tout n'est qu'illusion »,
Elle crie puis se tait à jamais.
Cette voix, c'est celle qui nous préserve de la disparition.

La poésie est un élixir de liberté et de courage.

QUELQUES VŒUX DE BONHEUR DANS MA TASSE DE CAFÉ

A l'orée du café brûlant de mes nuits blanches
S'évadent des nuages gorgés de nouveauté,
Ils s'agrippent aux branches,
Comme des vœux cotonneux,
Sur les sapins glacés.
Ils volent au gré des rires qui éclairent la planète,
Et moi, je veille sur toi,
Toi que l'ombre du temps menace en permanence...
Je te sens t'évader...
Combien d'aubes nacrées verras-tu naître encore ?
Combien d'amitiés vraies et désintéressées ?
Combien d'amours sincères, affranchies de remords
Et affranchies d'orgueil, de possessivité ?
Combien d'autres enfin te laisseront mourir
Sans trouver que tu prends, ce faisant, trop de place ?
Et combien d'ailes bleues t'aideront à t'enfuir
Des griffes de la mort, du joug du temps qui passe ?

LE SOIR ÉCLATE, ÉCARLATE

Le soir éclate
De leurs vies broyées,
De leurs destins de damnés,
Du sang sur l'asphalte.
L'enfant fait semblant d'espérer,
De croire à des prolongations
Aux rêves d'éternité
Qui s'enfuient des prisons
Qu'ils ont bâties autour
Des rêves de bonheur
En répandant la peur
Aux quatre coins du jour…

Que savent-ils de la nature, des mimosas ?
Des oasis de verdure où règne la joie ?
Que savent-ils des oiseaux
Qui très paisiblement
Chantent éternellement
A l'abri des bourreaux ?

La sensibilité, l'art, la beauté
Qu'est-ce pour un amputé du cœur
A la raison bridée
Un ignare de l'horreur ?
Dehors, l'enfant voit les mésanges qui s'agitent,
Autour de la mangeoire, la vie palpite…
Dans le noir…
Saupoudrant les regards d'une fine poudre d'or
Eloignant un instant les menaces de mort…

REFUGE DE BRUME

A travers les bancs de brume,
Ils découvrent le jardin du bonheur
Qui fait fondre les murs de terreur
Et d'amertume.
C'est ici qu'ils ont fui,
Qu'ils se sont réfugiés,
Mais pour combien de nuits ?
Combien d'étés ?
Déjà au loin, la guerre humaine
Gronde de ses réminiscences
De haine, et de non-sens…
La cruauté exacerbée
Revient par vagues de lave
Asservir les libertés,
Faire d'eux des esclaves.
Bientôt et comme depuis toujours,
Depuis la nuit des temps,
L'ultraviolence et le néant
Saigneront leur amour.

L'ESPOIR VAINCRA

L'espoir est souvent chassé,
Enseveli sous la terre,
Certains font la guerre à l'espoir,
L'espoir gagnera la guerre
De l'éternité.
Et tous ceux qui sont pris dans des guerres à l'amour,
Comment ne voient-ils pas
L'espoir poindre à la lueur du jour ?
Comment ne voient-ils pas
Que beaucoup de conflits humains
Comparés à la mort
Sont complètement anodins ?
Que certains de ceux
Contre lesquels nous luttons
Regardent dans la même direction,
Pourraient être des alliés précieux,
Que dans leur regard apeuré
Et aimant
Luit la même lueur d'éternité,
Le même firmament,
Qu'en ouvrant notre cœur
Nous pourrions constater
Qu'ils nous ressemblent plus qu'on ne le pensait,
Que nous sommes unis dans l'horreur,
Que nous sommes unis dans l'amour,
Dans le même genre d'idéal qui toujours
Dans nos yeux brillera d'une même lueur,
Que nous nous voyons tous faussés
A travers les murs du quotidien,

Que maintenant que les murs sont tombés,
Nous sommes tous humains,
Que lorsque l'un d'entre nous s'éteint
On se dit : « Que tout ceci était vain ! »
Nous aurions dû nous tenir par la main…
Finalement ils m'ont tuée,
Je les ai tués,
Finalement ils aimaient
J'aimais,
J'aurais pu les aimer
Ils auraient pu m'aimer…
Si nous avions su que nous allions mourir demain,
Nous aurions vu que toute guerre est vaine,
Je tue des êtres qui aiment,
Qui auraient pu m'aimer,
J'aime,
J'aurais pu les aimer…
Oublions les guerres, les conflits armés,
Sourions à l'humanité,
Rions tant qu'il est encore temps,
Vibrons tant qu'il est encore temps
Sourions-nous tant qu'il est encore temps,
Regardons-nous tant qu'il est encore temps,
C'est le secret que m'ont transmis deux yeux noirs que j'ai vus s'éteindre :

Aimons-nous les uns les autres,
Vivons tant qu'il est encore temps.

ROSE INDOMPTABLE

Personne ne contrôlera mes pensées,
Personne ne décidera pour moi,
Depuis que j'ai connu la nuit,
Depuis que j'ai vu la vie s'enfuir de ses yeux noirs.
Personne ne me dictera
Le bien et le mal,
Personne ne me dira
Ce que doit être mon idéal.
Je vole à dos de cheval noir
Vers l'horizon fougueux,
J'épouse la nuit de jais,
Une rose parme, en sang, entre mes lèvres, mon âme.

UN RÊVE S'ENVOLE

La nature respire sous son manteau de brume,
L'herbe boit son oasis de rosée,
Les nuées d'or et de mauve se parfument des
fleurs de l'aube,
Le miel et le lilas enivrent mon cœur sombre.
Je vole à dos de mésange et à dos de pinson.
Un canard traverse la voûte des Dieux,
Il est beau, il est libre, il porte sur ses ailes
Tous les rêves du monde et le mot *liberté*.

Un tir de plomb retentit et fait vibrer les murs du
temps,
Les plumes de satin vert parsèment les nuages,
L'azur s'empourpre d'odeurs de mort et de tisons,
Le ciel pleure des larmes de sang,
Je ne veux plus voir le soleil pleurer.
Laissons les rêves s'envoler vers les étoiles…

IL Y AURA TOUJOURS

J'ai vu le même regard chez tous les enfants du monde,
Dans les jardins de l'Alcazar et les banlieues de Bogota,
Dans les écoles du savoir et les souterrains du trépas,
Dans les hôpitaux immondes…

Oui, j'ai vu…
Tous les tsunamis peuvent se déchaîner,
Tous les volcans se déclencher,
Il restera toujours quelque part sur la Terre
Un enfant, un regard de joie,
Une lueur d'espoir
Au cœur de l'enfer.

RIVIÈRE DE CASSIS

La rivière de Cassis couvre le néant,
La vérité infâme
Est cachée
Sous les pétales vanillés
Des épluchures de bananes.
Silence la Nature parle !
Mais a-t-elle besoin de nous,
De nos bruits de tambours et de moteurs
Pour dissimuler l'horreur
Du vide et de la destinée
Derrière son écorce craquelée ?
A-t-elle besoin de nos soupirs ?
Ou les chants d'oiseaux suffisent- ils par eux-mêmes,
Dans un ciel saphir,
A proclamer l'Eden ?

DANS DES YEUX D'ENFANT, POUSSIÈRE D'ÉTOILE

Les yeux pleins d'écume,
Le teint cristallin,
L'esprit tout de brume,
Elle fuit le destin…
Les pommettes en feu,
La bouche en grenade,
Tourné vers les cieux,
Son cœur est malade.
Sommeil emporte-la dans ta lumière douce
Sur le chemin de croix où nous périrons tous,
Depuis qu'ils ne sont plus, sa vie n'a plus de sens,
Elle ne conçoit pas la vie en leur absence.
Les encres de couleur qui dessinaient sa vie
Sont fondues dans l'horreur qui déteint son tapis,
Et les tapis d'étoiles où elle courait vers l'or
Sont devenus la toile que dévoile la mort…
Et les chants des centaures et autres créatures
Sont les cris des vivants que le sort torture…
L'élixir de soleil coulé par les lutins
Est devenu ciguë, cyanure des défunts,
Et le ciel bleu des contes
Se charge et se démonte,
Une pluie de diamants
S'abat sur les amants
Et de ses tranchants
Déchire notre peau
Dont coule le sanglot
Ecarlate de nos veines

Alors on se hait tous,
Ecartelés par la « martèle » de la colère du ciel.
Et le feu criminel de nos yeux nous encense et brûle nos os,
Réduisant tout en poussière :
La poussière d'étoile...

ROSE HUMANISTE

Être une rose humaniste,
Ce n'est pas croire au pouvoir des fleurs,
Ni à la magie des nuages,
Face aux guerres et aux massacres
Qui empourprent la planète
Dans leurs vagues de sang.

Être une rose humaniste,
Ce n'est pas croire que la vie est douce
Comme un long fleuve de rêve
Dans les pâturages de la mort.

Être une rose humaniste,
C'est savoir que rien ne pourra jamais éteindre
L'horrible feu de la cruauté humaine,

Mais c'est choisir de croire en la vie,
De croire aux roses de la liberté,
De l'amour et de la fraternité
Qui renaissent des cendres de ceux
Qui sont morts pour défendre
Cet idéal hors de portée,

C'est croire qu'au-delà des conflits
On se fout bien des différences,

Au-delà de toutes les ethnies,
De toutes les philosophies,
De toutes les religions,
Des particularités de chacun,
De nos modes de vie,

De nos rêves et de nos choix,

C'est la même souffrance qui saigne
De tous les cœurs blessés du monde,
C'est le même amour qui brille
Dans tous les yeux de la planète
De cette passion d'exister,
De cette passion d'aimer,

Et c'est, sur tous les continents,
La même femme universelle
Qui rayonne de Voie lactée.

MA PART POUR LA FRATERNITÉ

Jamais nous ne pourrons éteindre
L'incendie fou des guerres humaines
Mais à l'image du colibri
De la légende amérindienne
Qui porte quelques gouttes d'eau
Pour tenter de calmer le feu,
J'appelle à tendre la main à l'autre,
Au-delà de toutes ses différences.
De ma branche de Voie lactée,
Je fais ma part
Pour la fraternité.

SŒUR DU VIVANT

Je suis fille d'Aphrodite,
Sœur du vivant,
Fleur humaine qui naît à l'aube
Et meurt le soir dans le regard des Apollons.
À mes frères de Vie, je veux dire
Que tout vit, tout meurt et tout renaît.
De feuilles mortes en bourgeons,
Les troncs refleurissent
De fleurs en fruits,
De crépuscule en aurore,
De comètes en météores.
Mais toi qui méprises ta mère la Vie,
Songe à l'enfer qui naît sous tes pas :
L'herbe que tu piétines,
Ne l'entends-tu pas crier ?
Pourtant la sève de vie coule en elle
Et se répand dans l'herbe fraîche humectée
d'étoiles de rosée.
L'animal que tu soustrais à la vie
N'as-tu pas lu dans son regard
La même peur qui sera tienne
Lorsque viendra ton dernier soir ?
L'insecte que tu écrases
Sans le moindre état d'âme
Tachera de son sang ta conscience d'humain
Qui se prend pour un Dieu
Alors qu'il est mortel,
Imparfait prétentieux qui se veut éternel.

ROSE PARME, ROSE DES DIFFÉRENCES

Dans mon cœur ténébreux saigne une rose parme,
Je suis née différente et elle a survécu
Au milieu des brasiers, des morts et de mes larmes,
Dans ces prisons glacées où tant se sont perdus.

Elle a souvent offert un peu de ses pétales,
De leur sève violette pour soigner les maux,
Qui flambaient dans les corps qui jonchaient l'hôpital,
Pour reculer le jour de leur triste échafaud.

Elle a fleuri les tombes des êtres partis,
Malgré tous les bons soins retrouver le ciel rose,
À force de pleurer cette vie qui s'enfuit,
Des épines ont poussé dans sa tige et sa prose.

Elle a été aimée des apollons d'Eden,
Elle s'est embrasée des passions de l'aurore,
Elle a retrouvé goût à l'existence vaine,
Elle s'est épanouie, à vie, contre la mort.

Aujourd'hui elle brille aux jardins du présent,
Elle savoure le jour, elle défie le temps,
Et déploie ses couleurs aux yeux de l'horizon,
C'est une rose parme, une rose PASSION,

Être différente sert aussi à rêver,
A s'ouvrir à tous ceux qui sortent des standards,

Si je suis une fleur greffée sur un pierrier,
D'autres ont d'autres blessures, mais le même espoir.

Je suis la rose de toutes les différences,
Je veux être la fleur de la diversité,
Pour soigner les mourants et les âmes blessées,
Je veux symboliser l'aube de renaissance.

Je vous offre aujourd'hui cette rose de Parme,
Nous sommes tous humains, ne l'oublions jamais,
Je la porterai haut, dans mes lèvres, cette arme,
Ce flambeau de la vie sous le ciel étoilé.

LA COLOMBE PHÉNIX

L'amour universel est un oiseau blessé,
On peut bien tous les jours lui taillader les ailes
Ou cribler de métal ses plumes empourprées,
Il renaîtra glorieux de ses cendres rebelles,

Et il s'envolera vers l'espoir infini
De réunir enfin sous un même arc-en-ciel
Tous les humains luttant dans l'éternelle nuit,
La colombe phénix est un rêve immortel.

REGARDS D' ÉTOILES

Parmi les milliards de milliards d'étoiles,
Quelques regards se reconnaissent au cœur de l'immensité.
A Toi qui liras ce message, ta vie, en rencontrant la mienne, vient de basculer vers un perpétuel émerveillement.

N'ATTENDEZ PAS POUR VIVRE

Ce matin, quelqu'un a perdu la vie en bas de chez moi,
En bas de chez vous, au pied de votre immeuble.
Quelqu'un a perdu la vie
A cause de ces êtres immondes
Qui répandent la guerre
Aux quatre coins du monde.
Quelqu'un a perdu l'amour
Qui le faisait vibrer
Pour toujours
D'une étincelle d'éternité.

Quelqu'un est mort, oui, le savez-vous ?
Mais pas de maladie, pas de fatalité,
A cause de monstres fous...

On soigne des cancers, des infections des corps
Mais de quel mal sont donc atteints les humains
Depuis la nuit des temps
Pour s'entretuer
Encore et encore ?

Si vous croisez un idéal,
Criez lui que la vie a un sens,
Personne n'y croira
Mais il faut s'accrocher,
Et puisque ce regard s'éteint
Devant nos esprits impuissants,
S'il reste encore un jour sur terre,
Un jour que vous pouvez cueillir,

N'attendez pas pour vivre !

S'il reste encore un mot à dire,
Un baiser à poser sur ses lèvres,
Un ami à serrer dans vos bras,
Une passion à savourer,

N'attendez pas pour vivre !

S'il reste un tableau à peindre,
Un poème à écrire
Un amour à déclarer,

N'attendez pas, n'attendez pas
Car la mort ne tardera pas

N'attendez pas pour vivre !

SOURIRE

On peut sauver une vie avec un sourire

LES PORTES

A toi qui attends
Dans les ténèbres et le froid
Que quelqu'un te tende la main,
Que l'on te rende
Le bonheur,
Je t'ouvre le chemin
De mon âme meurtrie,
Des portes de mon cœur.

ULTIME DÉVOUEMENT

On l'appelle Orion, ce colosse aux crocs vifs
Qui parcourt les plaines dans le vent et la nuit,
Ses muscles saillants, force de feu,
Déchirent la brume indigo,
Soulignent sa course effrénée
Contre la mort qui menace
Son Maitre blessé
Qui se vide de son sang,
Dans les roches indifférentes
Qui le regardent mourir face aux étoiles.
Orion ne connait nulle peur,
Il traverse l'enfer des branchages,
Son corps est anesthésié
Par l'amour qui flambe en son cœur
De loup apprivoisé
Pour son maître souffrant
Contre les parois de givre
D'un destin meurtrier.
Il aperçoit dans la clarté poudreuse
De l'aube affamée
La cabane en rondins
Du dernier garde champêtre.
Il a accompli sa mission,
Le secours arrive au chevet
Du cadavre tant aimé
Qui gît dans une mare de sang...
Alors Orion pleure, il pleure sans larme,
Comme un héros incompris, comme un chien abandonné, comme un géant. Son cœur se brise dans la glace du choc. Il se meurt, il se vide et rejoint le néant.

J'AI VU S'ÉTEINDRE

Je t'ai vu t'éteindre
A cause de la folie des hommes
Toi le guerrier du désert,
Tu n'avais peur de rien.

Je t'ai vu t'éteindre
A cause des pulsions de l'horreur
Toi, femme gibier de guerre
Des bourreaux de l'innommable.

Je t'ai vu t éteindre
Toi qui n'avais pas la même couleur de peau
Que tes ennemis immondes
Qui se croyaient rois de la nuit.

Je t'ai vu t'éteindre,
Toi qui fus roué de coups
Pour avoir aimé un homme
Alors que tu es homme,
Mort d'avoir aimé.

Je t'ai vue t'éteindre,
Toi mon amie souffrante,
Et pourtant ta guerre,
Tu l'avais gagnée.

Je t'ai vu t'éteindre
Toi l'animal massacré
Par des êtres insensibles et vils
Que l'on appelle humains.

Quand entendront-ils
Tous ces êtres sourds,
Que l'on se fout des différences ?
À force de tuer
L'amour universel,
Ils finiront seuls
Rabougris, minables et honteux,
Quand se présentera devant leurs yeux hagards
La mort… si fière de les étouffer dans son grand drap noir.

UTOPIE

Il faut continuer à croire aux rêves impossibles.
La paix universelle et l'amour inconditionnel font partie de ces rêves-là, de ces utopies merveilleuses.
Que serait l'humain s'il ne rêvait plus ?

UNE AMAZONE CONTRE LA MORT

Dans ma brève existence de jeune Amazone,
J'ai déjà combattu cent fois les cavaliers
De la mort, qui rôdaient, avec leurs rires jaunes,
Autour de mes espoirs, je les ai éloignés.
Mais j'ai eu de la chance et j'aurais pu périr
Par le glaive sanglant de cette maladie,
J'ai survécu, c'est vrai, et j'ai pu rebondir
Vers cette renaissance et cette nouvelle vie.
Mais j'ai vu tant d'amis mourir à mes côtés,
Tant de regards s'enfuir et d'âmes s'évader
Que je ne comprends plus ceux qu'on appelle humains
Et qui donnent la mort au cours de jeux malsains.
Ainsi ceux qui torturent un être innocent,
Ou ceux qui massacrent un chat abandonné,
Ces bourreaux qui se croient si forts et si puissants
De fort et d'infini n'ont que leur lâcheté.

HÉROS DE NUIT

Il a donné sa vie,
Au fond ce n'était rien,
Quelques barreaux gravis
Le long d'un grand immeuble,
Il n'a pas réfléchi car c'était son Destin,
Il a ouvert en grand la porte sur la mort.
Elle était là, si belle au milieu des fumées,
Si fine et si rebelle elle regardait au loin,
C'est l'enfer qu'elle fixait de son regard éteint,
Il n' a pas réfléchi, et il l'a arrachée
Comme une fleur seule en des terres incendiées.
Il a confié la rose à ses autres sauveurs
En la portant jusqu'aux fenêtres de l'espoir,
Juste à temps pour qu'elle soit soignée et recueillie,
Pour qu'elle brille encore de cet éclat de Vie,
Puis tout a explosé,
Il n'avait que vingt ans,
Il est mort cette nuit…
À lui,
Éternellement.

MORTS POUR LEUR DIFFÉRENCE

Froissements de nuages, ténèbres carminées,
Que de sang déversé pour un simple pouvoir,
Que de morts pour un mot, un regard échappé
Pour une différence, un cœur en blanc ou noir...

Tous les êtres unis face à l'immense nuit,
Tous les êtres unis sous un même arc-en-ciel,
Unis pour respirer le parfum de la nuit,
Unis dans un élan d'amour universel.

PIERRES SANGUINES

Prenez soin de vos femmes,
Elles sont des joyaux rouges,
Elles sont mortes dix fois pour vous sauver de l'ombre
Ou pour donner la vie
Aux enfants de l'amour,
Ou pour tendre leurs mains
À vos larmes de rage…
Elles ne méritent pas
Dès que vient la vieillesse
D'être rangées au grand placard de votre oubli…
Vos jeunes friandises ont certes de l'éclat
Mais quand vous attendrez aux portes de la mort
Qui sera là pour pleurer votre trépas ?
Je pense à toutes ces héroïnes délaissées
Pour quelques rides…
Moi, je suis encore jeune et choyée,
Mon Apollon m'a élue Reine,
Mais avec tous mes amours en bandoulière,
Je partirai tôt ou tard dans la nuit.
Ils peuvent m'oublier,
Qu'importe :
Je suis libre.
À la Mort, à la Vie.

BICHE, ÉCLATS DE PLOMB

Biche,
Ont-ils oublié leur enfance
Et le faon que tous vénéraient ?
Ont-ils oublié leurs rêves
Lorsque dans ton cœur tendre
Ils ont largué
Depuis leur cœur de glace
Leurs éclats de plomb…

ÉCLATS DE VIE

Etincelle de vie qui brille en tous les êtres,
Regards humectés de larmes et d'émotions,
En chaque créature luit l'amour peut-être
D'un éclat d'infini, d'étoiles en fusion.
La renarde elle aussi adorait ses petits,
En son sein le feu de l'attachement brûlait,
Jusqu'à ce que la mort vienne en habits de jais
Répandre son sang frais de la main d'un fusil,

De la main d'un fusil tenu par un humain
Qui s'était octroyé droit de vie et de mort
Sur les êtres croisés au bord de son chemin…
Qu'a-t-il fait de ses rêves d'enfant au cœur d'or ?

LOUVE DE L'AUBE

Je suis la louve de l'aube,
J'ai entendu résonner au cœur de la nuit le cri des passionnés,
Le tien, le mien, celui des autres...
Nous sommes nombreux à avoir souffert de leur cruauté.
Toi aussi, sœur de l'ombre, ils ont massacré tes petits ?
Les miens n'ont pas eu le temps de savourer les premières neiges.
Des éclats de plomb ont enterré leur innocence,
Les figeant dans leur scène de jeu, louveteaux de fourrure plongés dans une mare de sang.
Depuis, je hurle à la mort et je chante à la vie,
Je chante pour ceux qui ont encore la chance de vivre.

ÂMES GRUYÈRES

Combien sont-ils
À courir après des miettes de gloire,
Prêts à trahir père et mère
Pour des mirages de pouvoir ?
Combien sont-ils
À brandir haut leurs étiquettes
Pour tenter de se définir
Par tel ou tel épithète ?
Combien sont-ils
À se vêtir d'or et d'argent
Pour masquer le grand néant
Qui ronge leur âme de gruyère,
Et pour cacher leur désespoir
Et leur peur d'être transparents ?
Combien sont-ils
À s'inventer un personnage ?
Ne savent-ils pas
Que l'habit n'a jamais fait l'histoire ?

LES ESCARGOTS DE LA GLOIRE

Les gastéropodes à coquille,
Fantassins marchant au rang du déshonneur,
Jetant au feu leur avorton de liberté,
Jusqu'où sont-ils prêts à aller
Pour un rayon de gloire,
Pour un photon de projecteur ?
Certains ramperont, courberont l'échine,
Trahiront père et mère
S'il le faut
Pour une feuille de laitue jetée par les maitres geôliers.
Pour un gravier de reconnaissance,
Certains vendront leur âme,
Puis ils seront jetés aux orties.
Lorsque sera passée la saison des salades,
Ils pourriront sur pieds,
Ils maudiront cette vaine existence dont ils ont enterré le sens,
Puis ils disparaîtront
Et laisseront derrière eux
La trace livide des sucs d'escargots …

IDÉAL

Si à la fin de mon temps,
J'arrive à me dire
Que j'ai presque toujours réussi
A faire passer mon idéal
Avant mon intérêt personnel,
Alors je pourrai mourir sereinement
Et me jeter dans les bras des étoiles…

DÉESSES MORTELLES

En mémoire des sacrifiées,
Sous le soleil pleurant des rivières de rubis,
À toutes les femmes bafouées,
Roses maculées de sang bleu,
Jetées aux orties comme de vulgaires objets,
Par ceux qui ignorent leur règne auroral,
Leurs ailes pourpres de reines des cieux.
À toutes les victimes de la bêtise humaine
Propulsées dans les gouffres noirs
De la violence, de la sauvagerie,
Du sexisme et des hordes barbares,
Honte à vos bourreaux !
Qu'ils disparaissent à jamais
Dans les catacombes infâmes
Du non-sens qu'ils ont créé.
Je fais le vœu qu'aux firmaments indigos,
Vous soient offerts
Des bouquets de météores
Et des constellations entières,
En offrande à vos âmes nuages,
Héroïnes enfuies,
Déesses mortelles.

LIBRE COMME L'ART

Quelques lambeaux de peau déchirés dans la nuit,
Cicatrice sanglante sur son cœur de plomb,
Il s'est battu contre le vent, le temps, la pluie,
La cruauté des hommes, le flux des saisons.

Il est celui qui n'entre pas dans leurs critères,
Le hors norme rebelle, le hors-la-loi blessé,
Il n'a ni doux foyer ni enfant ni repère,
Ils ont tué son rêve de fraternité.

Il avance au milieu des froids éclairs blafards,
Les troupeaux se sont mis à l'abri du tonnerre,
Il marche dans les flammes pourpres de l'enfer,
On le dit presque fou, il est libre comme l'art...

VÉNUS DE RIVIÈRE

Venus de rivière,
Aphrodite fluviale,
Immergée dans l'aube suave et rose,
Imbibée d'embruns d'acacias et de sureau,
Que tes larmes lavent le monde
De toutes ses souffrances,
Que tes courbes enivrent les âmes perdues,
Que tes cheveux en cascades
Chantent paisiblement
Le rêve des indomptables,
Que ton charme sauvage nous enseigne
L'écume de l'espérance,
La non-violence immaculée,
La sérénité impalpable
Qui imbibe ta robe d'opale
Et ses flots cristallins…

PAROLE DE PANTHÈRE

Je suis la panthère des nuits de l'entre-mondes,
Je reviens du néant,
Des catacombes jonchées de cadavres.
J'ai vu s'éteindre la vie dans le regard des aimés,
J'ai vu des femmes pleurer, des hommes crier,
des enfants s'effacer.
Jadis j'étais une peluche inoffensive et douce,
Mais mes congénères furent chassés pour leur fourrure.
J'ai caressé leur robe noire maculée de sang, yin et yang assassinés, figés dans la glace du temps.
J'ai dit Adieu à leurs regards éteints,
À leur langue exsangue…
Depuis, je veille.
Je ne chasse que les injustices
Pour faire triompher l'espoir,
Pour le faire renaître
Du chaos des charniers.
Je veille,
Griffes acérées protégeant mon cœur de diamant
dans son écrin de basalte,
J'aime encore la vie,
J'aime fendre l'aube claire parsemée de nuages de brume.
Patiemment, je guette la proie mâle de ma future extase.
Au crépuscule comme à chaque nouvelle étoile,
tu m'attendras, et je viendrai t'aimer.

HOMMES

Hommes, nous vous aimons pour votre âme sauvage,
Pour ce parfum d'étoiles, de musc marin,
Pour vos sourires d'or et votre corps en nage,
Pour vos gestes brûlants qui enflamment nos reins

Pour votre force douce et fougueuse à la fois,
Pour l'extase fruitée et vos rêves d'encore ;
Pour vos regards ardents, fous, et sans foi ni loi,
Pour ces instants précieux qui éloignent la mort,

Pour la brume de vie qui ourle nos cœurs libres,
Lorsqu'au creux de vos bras nous scintillons de vous,
De cet éclat de feu qui rayonne et qui vibre
D un peu de « toi », de « moi », aussi d'un peu de « nous ».

Pour ces délices roux, ces rires partagés,
Pour ces mots échangés au rebord des fenêtres,
Pour cette communion face à la Voie lactée,
L'osmose des contraires, l'infini peut-être.

Pour tous ceux d'entre vous qui nous ont défendues
Dans des guerres atroces, des charniers immondes
Et qui à nos côtés se sont souvent battus
Pour que nous soyons libres sous la lune blonde.

Hommes, nous vous aimons comme la liberté,
Comme le vent qui souffle sur l'aube brumeuse,
Nous vous aimons à vie, et pour l'éternité,
Nous marchons près de vous, libres, femmes, amoureuses.

RAGE DU MONDE

Parfois il y a ce grondement sourd
Dans le ventre brûlant du monde,
Celui de la misère qui fait rage,
Des famines qui ravagent,
Des guerres qui éclatent
Dans les entrailles des affamés,
Des blessés, presque morts,
Ceux que la vie a condamnés.

Parfois il y a ce hurlement
Qui déchire le cœur du monde,
Celui qui vient des catacombes,
Des abysses de l'espoir enterré,
La complainte de ceux
Que tous ont délaissés.

Parfois il y a ce silence
Dans toutes les bouches du monde,
En chacun de nous aussi
Lorsque nous ne savons regarder
Que notre nombril et nos petits intérêts.

Parfois il y a cette chaleur
Qui coule dans les veines du monde,
Lorsque soudain nous nous sentons
Comme d'innombrables gouttes de vie
Dans un océan de fraternité.

PASSIONS POURPRES

Il y a,
Depuis la nuit des temps,
Ce sang bouillonnant de grenat
Qui coule dans les veines du monde,
Versé sous les roues des chars,
Célébré dans les cœurs ardents.
Il y a,
Depuis l'aube première
Le regard pur des nouveaux-nés,
Fruit rouge des passions consumées
De la saison dernière.
Il y a,
Depuis l'aurore originelle,
Le même éclat de feu
Dans le regard fougueux et fou
Des premiers amants…
Il y a,
A chaque couchant d'or
Le même embrasement
Sur les lèvres cerise
De la femme éternelle
Qui danse follement
Dans les bras du soleil
En robe purpurine
Et s'écoule en cascade
Le sang bleu bouillonnant
De sa passion d'étoile.

OPTIMISTE

Les optimistes sont souvent les plus désespérés. Il faut du courage parfois pour être optimiste.

VIII-
L'EDEN DE L'ESPOIR
Libre comme l'aube

MA LIBERTÉ, MA NATURE

La liberté coule dans mes veines depuis la
première aube verte.
Elle scintille en mes entrailles comme une
lumière fraîche et silencieuse,
Comme une Muse végétale sauvage et
impalpable.
Elle n'est pas cette poudre d'artifice
Que certains découvrent sur le tard
Et voudraient porter en maquillage,
Elle ne s'achète pas,
Elle ne s'utilise pas,
Elle vibre depuis la nuit des temps au plus
profond des âmes choisies.

MOULE

A vouloir faire rentrer un être ou un écrit dans une
case formatée, on finit par lui arracher son âme.
C'est comme un amour que l'on aurait guéri de la
passion,
Comme un astre que l'on aurait guéri du feu qui
l'anime,
Une parole libre à laquelle on aurait mis une
muselière,
Une rêve en cage,
Une étoile domestiquée.

REINE DE NUIT

Reine de nuit,
« Tu seras pareille à cette fleur »,
M'avais-tu asséné, mon père,
De tes mots précieux
Auréolés du mystère des rois.
Reine de nuit,
C'est ce que je suis devenue
Maintenant que la vie
A ridé ton visage éternel.
Je profite de chaque lueur d'espoir
Cueillie à tes côtés
Avant que le chaos ne t'étreigne
Et ne nous étreigne tous,
Comme des pétales encore brûlants.
Et je saigne déjà
De quelques âmes amputées, étamines enfuies.
Mais je rayonne en me rappelant
Les mots ancestraux
D'une si lointaine insouciance,
Je rayonne par fidélité à ton commandement
Envers et contre Tout,
Comme une fleur blessée au cœur de l'infini,
Passionnément,
Inexorablement.

LES PÉTALES DU TEMPS

Si je navigue sur les pétales du temps,
C'est pour savourer la sève folle
Qui transpire du cœur des roses,
De leur élan de vie verte,
De leur fraîcheur sensuelle,
De tes lèvres saumonées
Qui goûtent les parfums coupables
De mon âme veloutée et violette
De fleur déracinée
Arrachée au néant,
Immortelle amante
L'espace d'un instant.
Les fragrances d'hydromel et de myrtille
Qui s'évadent de mes nervures douloureuses
De rose sauvage et libre
A jamais émancipée,
Eternelle évadée
Portée au gré du vent,
A dos de nuages rêveurs,
Sous les feux du firmament.

RÊVE À JAMAIS VIVANT

Si je pouvais voler, je choisirais d'être un nuage.
A jamais vivant,
Mon rêve de cueillir la nuit
Et la sève incandescente
De ses pétales gorgés de vie.

A jamais vivant,
Ton regard indéfinissable,
Tantôt charmant tantôt diable,
Parfois insolent.

A jamais vivants
Ces instants où nos peaux s'effleurent,
Dans les jardins de l'inconscient,
Où nos regrets se meurent.

A jamais vivants
Ta bouche chaude et humide,
Tes bras enveloppants,
Ton âme intrépide.

A jamais vivant
Ce sentiment de vivre l'enfer,
Dès que nos mains s'éloignent un instant,
Dès que ma peau ne frôle plus tes mystères.

A jamais morts
Ces fragments d'éternels,
Ces pépites d'aurore,
Ces braises de miel.

NUAGE FUGACE

Liberté, j'aimerais te fixer sur la toile de mon âme, comme un peintre déposant sur son œuvre fugace une goutte d'éternité. Mais tu t'évades, écume évanescente, sous les assauts du vent. J'écris sur les gouttes de rosée quelques mots scintillants d'étoiles. C'est ma façon de célébrer ton règne fragile, ancré en moi comme une prière silencieuse.

LAGON DE LIBERTÉ

Liberté, je me suis baignée dans tes lagons,
Tes criques solitaires inondées de soleil,
Ta chaleur qui fait fondre les moindres glaçons
Des prisons de mon âme insoumise et rebelle.

Eternelle alliée de mon cœur de poète,
Liberté mon flambeau, mon drapeau, ma déesse,
Mes amours me comblent de joie, de vie,
d'ivresse,
Mais rien ne vaut ton chant, la voix de ton ariette.

Les idylles défilent en parfums, délices,
J'ai même quelques rois qui éclairent mes jours,
Mais mon plus grand bonheur et mon plus grand amour,
C'est toi ma liberté, ma liberté toujours.

CRINIÈRE AU VENT

Sur ce chemin de liberté, je naviguerai au galop,
Comme un cheval ensorcelé bravant le mystère des mots,
J'avancerai crinière au vent vers des lendemains enchanteurs,
Traversant les torrents sanglants des ténèbres et des terreurs.

Je laisserai le crépuscule évaporer les catacombes,
Comme autant de nuages noirs de mon passé de moribonde,
Je laisserai au gré du vent se disperser les tristes tombes
Qui ont tenté il y a longtemps de m'effacer de ce bas monde.

Et j'irai, aux matins fiévreux, plonger dans les bras du soleil,
Dans ce grand lit d'écume qui brille au couchant,
C'est bien toi, mon amour, te voilà, tu m'attends...

Toi, la vie qui scintille en ta robe vermeille.

L'AMAZONE LIBRE

Être une Amazone,
Ce n'est pas un choix,
C'est un parcours que l'on a subi,
Des souffrances que l'on a surmontées,
Une émancipation que l'on a décrochée,
Comme une étoile en sang,
À la sueur de son âme.

LIBRE COMME AMOUREUSE

Il n'y a pas de plus belle liberté que celle d'aimer
celui que l'on a élu.

PLUMES DE SÈVE, IRIS BORÉAL

Iris, fleur boréale,
Reine du monde,
De tes yeux parme, déesse arc-en-ciel
S'évadent les larmes pailletées d'étoiles,
Rivières des terres blondes, oasis du Sahel.

Dans ton parfum le rêve et l'élégance
Inondent les souffrances humaines,
Dans ton écharpe les hommes oublient leurs peines
Et vibrent d'espérance…

J'entends au loin, dans les pâturages du Vercors,
Le cri des pensées sauvages que nos pas condamnent à mort.

J'entends au loin
Le chant des violettes odorantes
Qui exhalent dans les clairières
Des saveurs musicales qui tourmentent
Les cœurs d'amarante
Aux portes de l'enfer.
Qui es-tu donc, fleur de ma plume ?
Un mirage ?
Non, tu es notre tronc commun, l'âme de tous les êtres qui rêvent.
Tu ne possèdes ni branche, ni racine,
Nous sommes tes pétales et tes étamines..
Ton sang ou ta sève ?

Rien.
Seulement l'essence de la création,
Des nuages d'absinthe arc-en-ciel,
Tous les humains unis vers l'horizon
De l'amour universel…

IL RESTERA QUELQUES REGARDS

Tu es né dans les songes de ceux qui t'ont fait naître au monde,
Tu as grandi sous les rayons rosés des soleils insouciants,
Tu as cueilli des fruits de vie au sein des ténèbres immondes,
Tu as croqué tous les défis, connu tous les enchantements.

Tu arrives au bout du chemin de ton petit parcours de vie,
Tu jettes un regard en arrière et tu t'interroges soudain,
Que reste-t-il de tous ces instants évaporés dans la nuit ?
Il te reste quelques regards croisés aux portes du destin.

MA PART DE NUIT

Entre les feuilles douces ambrées par le soleil
Et le drapé des branches épineuses des cèdres,
Entre les troncs aux écorces rousses
Et les violettes des sous-bois,
Que l'on me laisse disparaître,
Oublier tout ce que fut ma vie,
Devenir les chants d'oiseaux,
Les grillons amoureux,
La brume aurorale,
Les étoiles aperçues à l'orée des cimes,
Et me fondre dans ma part de nuit
Pour atteindre l'ultime apaisement,
Et te rejoindre, toi, mon éternelle osmose.

LA MÉMOIRE DES ROCHERS

Je ne t'oublierai pas car l'écume insolente gardera tes cheveux d'argent,
Je ne t'oublierai pas car le chant de la roche gardera nos moindres murmures,
Ces mots que nos regards criaient dans l'espace-temps,
Cri de notre passion, flamme dans la verdure.

Cette flamme orange qui brûle entre nous deux,
Sous les cieux ténébreux de feu et d'amarante,
Ce fluide qui coule en flots tumultueux
De ton âme à mon âme, cascade flamboyante.

L'écume gardera au cœur de sa mémoire
Nos rires et nos ébats dans la clarté du soir,
Les étoiles parleront, dans des années-lumière
De nos corps qui s'aiment en leurs proses et nos vers.

Les nuages aussi évoqueront encore
Ces deux oiseaux blessés qui se ressemblaient tant,
Qui s'aimaient d'un amour plus fort que la mort,
Plus forts que l'univers, l'espace d'un instant :

L'amour des rivières, des anges et des volcans.

ECUME PÉCHERESSE

Dans un long baiser interdit et langoureux,
Devenir l'écume pécheresse
Qui meurt dans les bras du sable fougueux,
Et rejoindre le soleil.

ÉTOILE D'OCÉAN

Je te choisis encore,
Toi, étoile parmi les étoiles,
Toi ma passion turquoise et lumineuse
Comme les flots marins parsemés d'astres fous.
Je te choisis,
Toi, amour devenu au fil des orages,
Toi qui sais mieux que moi dompter mes peurs bleues.
Je te choisis,
Toi le damné, mon compagnon de voyage,
Placé par le destin sur mon chemin de feu.

FRUITS DE L'AUBE, CERISES DE L'ESPOIR

Te souviens-tu du temps où l'on cueillait
Les prunes roses au soleil couchant
De l'adolescence qui s'enfuyait ?
Te souviens-tu de la liberté
Que nous savourions alors
Sans savoir encore
Qu'elle nous serait retirée ?
Sans savoir que nous serions
Tôt ou tard exposés
Aux menaces de la mort
Qui sévit de tout temps
Aux quatre coins des rêves
Inexorablement.
Je t'observe,
Tu dors encore…
L'aube n'est pas levée,
J'attendrai que s'ouvrent les althéas
Et je te réveillerai…
Au ciel, car nous serons morts
Mais là-bas nous nous aimerons,
Comme à chaque fois,
Avec la même passion.
L'éternité luira sur tes cheveux d'or,
Dans ton regard de roi,
Tu m'éclaireras dans le noir,
Nous vivrons encore,
Nous cueillerons je le crois
Les cerises de l'espoir.

PETIT SOLEIL

Petit soleil aux yeux d'azur,
Tu découvres les mots du temps
Qui s'insinue et s'aventure
Au cœur de tes phrases d'enfant.

Tu égrènes les notes d'or
Des rayons des grandes musiques,
Tu reconnais les météores
Des rythmes doux et séraphiques

Qui dans ton regard palpitent
De l'émerveillement nouveau,
Tu découvres l'éclat du beau,
Tu sais nommer chaque pépite

Des trésors de ton univers,
L'amour est la foi qui t'habite,
Qui imbibe ta joie solaire.
Sous tes pas roux, la nuit s'effrite.

Tu m'as éblouie aujourd'hui
Du haut de tes deux ans, trois pommes,
Dans ton âme petit bonhomme,
C'est un poète qui prend vie.

Tu as annoncé au destin
Qu'il devait t'ouvrir le ciel,
Tu as dit :
« *Quand j'ouvre mes mains, ça ressemble à des soleils.* »

ÉTAMINES D'ÉTOILES

Dans l'immensité des yeux noirs de l'enfance,
Je retrouve les lueurs nostalgiques
Du passé…
Les étoiles en incandescence
Pétillent d'une joie séraphique
Que je connais…
Et l'enfant déploie un à un
Ses pétales de vie,
Ses étamines d'espoir,
Ses rires fruités.
Il rayonne
D'un peu d'elle, d'un peu de lui,
D'éternité

PETIT ANGE

Petit ange tu es apparu
Dans le ciel rose de janvier
Comme un arc-en-ciel rebelle
Dans un firmament neigeux.
Tu as éclairé la voûte
Céleste et bleue de tes parents,
De mille pépites de bonheur.
Tu as trouvé le sourire
Dans le regard espiègle et noir
D'une sœur malicieuse.
Depuis vous scintillez de joie,
Comme deux comètes heureuses…

PETITE FLAMME

Elle balbutie et parlemente
Dans sa langue qui n'existe pas
D'enfant de six mois,
De petite « espérante ».
Elle est l'humanité de demain,
Elle est notre trésor précieux
L'espoir de meilleurs destins
Sous de meilleurs cieux…
Nous devons croire par et pour elle
Même si parfois nous ne croyons plus en rien,
Nous devons réinventer un chemin
Que l'on croit éternel…
Et nous l'espérons invincible,
A l'abri d'une armure d'or,
Equipée d'une protection invisible
Contre le sort.
Mais nous sera-t-elle arrachée
Comme tant d'autres, effaçant le sens
De toute destinée,
De toutes nos existences ?
Elle rayonne de vie en tous cas,
Telle un ange sacré
Qui redonne foi.

COCKTAIL DE JOIE

Les chiennes courent dans l'herbe douce
En toute insouciance,
Ce soir la lune rousse
Rayonnera d'espérance.
Elle ressuscitera
L'Eden perdu
Et le souvenir de l'ange originel en robe de fourrure...
Aux rayons d'or qui irisent la rosée du matin,
Elle avançait sa petite silhouette
D'ange canin
Sur les tapis de violettes...
A la chaleur elle venait boire
Aux jours d'été,
Laissant le soleil inonder
Son pelage blanc et noir.
A l'horizon,
On pouvait l'apercevoir,
Chassant autour de la maison son ballon et le désespoir...
Elle laissait exploser chaque jour
Sa joie champagne,
Répandant l'amour
Dans la campagne.

FRUITS DE MIEL

Sa peau halée rayonne de miel
Lorsqu'elle dispose des tomates colorées
Sur les chemins pavés
Du septième ciel…
Elle porte le fruit délicieux
De la vie qui renaît au jardin,
De l'enfant qui écrira demain
Un avenir radieux.

AMANDES DE JAIS

L'aube l'a jeté hors du lit,
L'œil noir,
Il guette l'arrivée des premiers rayons.
Elle ne passera pas aujourd'hui,
Ni demain probablement,
La pluie
Que le jardin attend.
Il sortira les chiens,
Fermera les volets verts,
Un à un,
Pour nous protéger du désert.
Il donnera à boire aux plantes,
Aux roses et aux framboises,
Sondant de son regard qui aimante
Les herbes discourtoises.

La vie, cette mystérieuse friandise tantôt âcre tantôt sucrée, savourez-là jusqu'au dernier pétale, jusqu'à la dernière goutte d'espoir.

OSMOSE DE YIN ET DE YANG

Ils s'aiment et se ressemblent
Comme des jumeaux de vie unis par le destin,
Etoiles croisées sur le chemin de l'inattendu.
Elle est du soleil et du jour,
Elle a la douceur des pétales d'aurore.
Il est de la nuit et des constellations brumeuses,
Il a la fougue d'un astre noir et lumineux.
Leur osmose porte la robe d'émeraude
D'une étoile qui danse au cœur de l'infini.

MIRAGE D'EDEN

Même dans les jardins de l'enfer, j'ai trouvé
quelques cerises.
Depuis je porte leur nom, celui de l'espoir.
À tous les amoureux de la vie qui vivent à chaque
lever du jour un éternel coup de foudre,
Je vous le dis :
« Cueillez l'aube, cueillez l'amour,
N'attendez pas que s'éteigne le jour. »

TERRE PARME

TERRE de Sienne embrasée,
Aurore brûlante,
Nuit d'amarante,
Plaine d'or grillée.

TERRE de basalte bleu,
Lave, océan d'espoir,
Brasier d'étoiles noires,
Ténèbres de feu.

TERRE de calcaire blanc,
Galets scintillants,
Paillettes d'écume,
Vagues de brume.

TERRE arc-en-ciel des êtres,
Union des différences
Différents
Mais pas coupables.

TERRE de Parme,
Douceur de ta peau d'or,
Étoiles de tes yeux sombres,
Pénombre,
Parfum d'aurore.

Et toi, éclat de nuit,
Mystère d'un jour,
Dis-moi où nous irons…

ÉCUME BORÉALE

Pas à pas le chemin,
Rochers en marmelade,
Descend à la cascade
D'une aurore boréale
Qui jette sur nos nuits
Sa robe couleur d'opale,
Son écume de pluie.
Elle plonge dans la mare
De l'eau de vie turquoise
Qui scintille et se pare
De lueurs d'espoir…
Autour la verdure chante
Le pouvoir de la vie
Qui s'écoule à l'infini
Sous les soleils d'amarante…
Et les passions s'enfuient au gré de nos pensées,
Dans l'oubli de nos souvenirs,
D'aventures à peine effleurées
Qu'on a préféré fuir,
Mais l'espoir frétille
Entre les roches sombres,
Comme un torrent d'absinthe
Qui enivre nos âmes,
Et nous offre l'extase
En robe de diamant.

ÉCLAT DE LUNE

Limace rayée de noir,
Clair de lune azuré
D'espoir
Aux dunes des azalées.
Souvenirs des bains de minuit,
Réminiscences d'Eden.
Ton regard me défie de croire
À la vie qui palpite,
Il égrène des pépites
D'espoir.

ESPOIRS CITRONNÉS

Or, en cascades d'apparat,
Offense à la mort,
Rires en robe d'agrume,
Fleurs de cédrat.

Or, en étamines fruitées,
Pollens audacieux,
Joie pétillante
D'âmes condamnées.

Or, soleil des pétales
Rosis par le froid,
Confiture de courage,
Parfum de liberté.

Or, étincelles des regards
Dans les champs d'avoine,
Sentiers de Colza,
Sang d'orgeat,

Or, dignité des êtres
Qui ourlent de sens
Les revers du sort
Et qui sèment au combat
Quelques pépites d'espérance.

Or de l'encre aqueuse
Où je trempe ma plume,
Eau fruitée,
De ciel et de passion.

TERRE D'ESPOIR

Au revoir mon Vercors adoré,
Mon ami sauvage et indomptable,
Terre de charmes et de mystères,
Gardien jadis
Des héros de la résistance,
Bientôt, dans des chapelles de brume, je t'épouserai
Mais le temps n'est pas venu.
Toi seul sais.
Dans tes grottes calcaires,
Tu gardes mes secrets,
Tu gardes mes blessures,
Tu es le refuge de mes éclats de vie,
De mes passions nouvelles,
De mes étoiles délicieuses.

LE COQUELICOT ICARE

Te revoilà,
Coquelicot d'or,
Sang brûlant de mon premier amour.
Tu flamboies
De notre idylle perdue.
Fantôme de nos rêves,
Dans tes ailes de braise,
Garde nos cicatrices,
Envole-toi vers d'autres soleils.

ÉVEIL DOUX

Comme il est doux de se réveiller dans le bain
brumeux de tous mes amours,
Lumière infusée d'or et de réminiscences,
Gloire à ceux que j'ai aimés,
L'aube rosée leur appartient.
Elle dépose sur les pétales veloutés
Mille perles de mémoire,
D'idylles évaporées.
Je hume l'air sucré de tous mes amours,
Au chant des mésanges
Je n'oublierai jamais leurs regards,
Le tien non plus, mon amour,
Ni ton sourire, ni tes lèvres, ce fruit savoureux
qui distille ce poison de plaine d'or…

INEFFABLE

Comment expliquer qu'il soit toujours en moi ?
Comment l'effacer ?
Il était si vivant, ça ne s'oublie pas…
Il était ce héros
Qui éveille à la vie
Les soleils noirs qui meurent
Dans le silence des vies,
L'oxygène qui rayonne d'espoir
Dans les abysses de la mort,
Cette sorcière qui déclarait forfait
À son passage.

Nous avons tout détruit,
Nous avons été négligents et cruels,
Tout a disparu,
Mais tout est là,
Dans l'écume d'aurore,
Qui ressuscite les parfums
Des fruits mûrs,
Des temps insouciants.

FRAÎCHEUR D'ESPOIR

Fraîcheur, n'as-tu jamais abandonné mon idéal ?
Fraîcheur de mon passé, fraîcheur de ces regards,
De ces instants gravés dans l'écume du soir
Et qui se faneront comme de vains pétales...

Fraîcheur adolescente des parfums d'amour,
Fêtes interminables, fragiles espérances,
Brume qui s'évapore à la lueur du jour
Dont il ne reste rien qu'une impalpable essence...

Fraîcheur de ces instants où l'on cueillait l'Eden,
Ce bel Eden perdu du temps de l'insouciance,
Les courses intrépides, immortelles danses,
Le miel et ses vallées orangées et sereines.

Ils s'envolaient au loin et je les rejoignais
Dans les tapis d'étoiles et de primevères,
Ils me cueillaient des roses aux joies de l'enfer,
Ils me sauvaient souvent, pour toujours, à jamais.

Fraîcheur de ton regard qui m'a ressuscitée
Toi, l'Apollon serein au regard turquoise,
Fraîcheur de tes sourires, tes lèvres framboise,
Fraîcheur de notre amour et de la liberté.

RENAÎTRE

Renaître aux ciels roses de l'enfance,
Aux joies cueillies dans le regard des aimés,
À la lumière des temps insouciants,
À l'éternité.

Renaître dans les pas effacés
De nos fantômes courant sur les plages,
Avec nos parents, ces héros,
Ressusciter le mirage.

Renaître à l'aube éclatante,
Aux brumes de joie, de Voie lactée,
Retrouver l'Eden perdu,
Le réinventer.

JEUX D'ÉTOILES

Le ciel d'un hasard fou t'offre une seconde chance,
Il a déroulé pour toi son grand tapis de velours indigo,
Il a distribué ses cartes « étoiles », qui scintillent dans leur robe de vérité.
Compte jusqu'à dix et pioches-en une, celle que tu ressens au plus profond de tes entrailles.
Aime-là, avant même de la connaître.
Vois,
Tu as pioché l'étoile de renaissance,
La rosée de mille aurores luit sur sa chevelure fragile.
Il ne te reste qu'à renaître,
À savourer en moi ton ultime pulsion de vie,
Pour mourir apaisé, rassasié,
Après un dernier embrasement,
Comme un soleil-passion qui explose en vol,
Anesthésié par une enivrante extase.

EN MEUTE

J'arpente la plaine sauvage et rocailleuse
Avec mes deux loups qui réchauffent
Mon cœur en sang,
Dans son armure de glace.
Nous traversons ensemble
Bois et taillis
En osmose,
Jusqu'à l'extrême fin des ténèbres.

GRAINS D'INSOUCIANCE

J'émerge de la nuit,
Sertie dans l'écrin solaire de ta peau chaude,
J'ai vaincu toutes les chimères,
Le jour bat son plein d'insouciance,
Le café m'attend,
Je plonge dans la tasse océane,
Le soleil est à moi,
Délicieusement.

DÉLIRE D'ORANGE

J'ai une soif démentielle,
Je boirais l'océan
Dans les veines de miel
D'une orange en sang.
Je veux dévorer l'or
De sa pulpe juteuse,
Je veux revivre encore
Mille joies ravageuses.
Soif, soif, soif,
Hop c'est dit je plonge
Dans la rivière orange
Qui se déverse en songe
Dans des vasques étranges.
Le jus fruité des sources
Des vergers en cascade,
Les citrons, les grenades,
La vie sous la Grande Ourse.

AUBE DE PÊCHE

Se réveiller,
Calmement,
Avec l'impression de renaître au monde,
Immergée dans un nuage de douceur
Couleur pêche de vigne,
D'embruns marins,
De parfums fruités.
N'avoir souci de plaire qu'au soleil
Qui embrase le jardin
Des premières lueurs de l'aube
Qui caressent notre peau
De leurs nuances de miel
Et d'abricot.
Prendre soin de soi,
Ne penser qu'à dévorer les figues savoureuses
Gorgées d'Eden et de poison,
Oublier pour un instant les ombres
Qui nous menacent et nous attendent,
Les sublimer par l'art,
Du bout de nos plumes,
En leur inventant
Des auréoles d'étoiles.

LE RÊVE DES JONQUILLES

La vie est dans ces terres suaves
Où quelque peintre boit l'amour
Dans le regard des étoiles,
Ces terres violettes et sablées
Où il cueille le rêve, l'espoir,
Le soleil dans quelques jonquilles
Qui s'abreuvent de l'air du soir.

IL NE RESTERA RIEN

Il ne restera rien de nos rêves brûlants,
De nos souffles amoureux,
De nos regards perdus
Ni de nos mots offerts
À l'encre de l'espoir
Pour immortaliser
La valeur de l'instant,
Mais nous savourerons
La vie,
Jusqu'à la dernière étoile.

SÈVE ÉMERAUDE

Dans un écrin préservé des folies humaines,
Un ruisseau d'émeraude murmure l'espoir,
Comme une sève verte coulant dans les veines
De la planète bleue qui brille dans le noir.

Il chante entre les herbes la fraîcheur des rêves
Qui survivent à tout, guerres et pollutions,
Il rit comme un guerrier qui savoure sa trêve,
Il rit comme la vie dans ses flots de passion.

Il pleure comme un pauvre damné en sursis,
Comme un sang qui bientôt se parera de plomb,
La planète sent bien dans ses veines meurtries
Le plastique brûlant qui largue ses tisons.

Mais elle se bat, comme une rose qui survit
Au milieu des pierriers, des déserts basaltiques,
Elle vaincra comme brille une fleur dans la nuit,
Comme une Etoile libre, éternelle, magique.

AU LAC DE L'EMBARCADAIRE

Au lac de l'embarcadaire,
Les poissons d'argent
Frétillent
Au-dessus du néant.
Ils meurent en harmonie
Avec le firmament,
Avec les herbes vertes
Emplies de sève d'espoir.
Sur l'eau,
Quelques reflets de vie
Brillent dans l'air du soir.

HORS SENTIER

Si aucun chemin ne traverse les blés
Inventes-en un, et sème des coquelicots.
Tu ne te perdras jamais autant
Que dans les routes formatées du conformisme.

FAILLE VIOLETTE

Nous portons tous en nous un mystère, une faille.
Cette faille, c'est notre faiblesse.
Cette faiblesse, c'est notre force.

N'APPARTIENS QU'À TOI

Certains te feront croire qu'il te faudrait ramper
Pour glaner çà et là quelque reconnaissance,
Ma gloire, mon bonheur, ce n'est pas de briller
Auprès des souverains de la condescendance.

Certains voudront t'aider mais en t'asservissant,
En ferrant à ton âme leur sceau rougeoyant,
Ne signe tes écrits que de ton propre sang,
N'appartiens qu'à toi-même et au souffle du vent.

INDOMPTABLE, JE N ÉTEINDRAI PAS.

Je n'éteindrai pas
Le torrent de feu
Qui coule en mes artères,
Même si ma joie est insolente
Pour ceux qui ne savent plus rêver.
Je n'éteindrai pas
Les flammes de mon désespoir
Face aux cruautés du monde,
Même si ma blessure doit inonder de son sang
Tous ceux qui ne s'indignent plus.
Je n'éteindrai pas
Les braises de l'amour
Qui font renaitre les passions,
Au plus profond des ténèbres.
Jamais personne ne pourra éteindre
Cette passion qui flambe en moi,
Personne sauf la mort…
Je lui dédierai ma dernière joie.

À JAMAIS INDOMPTABLE

À jamais
Indomptable.
Rien n'aura raison de mes rêves.
La mort même a échoué.
Elle me tuera,
Mais mes rêves se seront déjà envolés…
Hors d'atteinte,
Dans des draps d'étoiles.

GOUTTE DE ROSÉE

Je n'effacerai pas les contours
De mon moi profond
Au nom de telle ou telle mode,
Pour rentrer dans tel ou tel moule.
Même si je respire en osmose
Avec le grand Tout,
Je suis plus proche de la goutte de rosée
Qui luit sur un brin d'herbe
En osmose avec le vent
De son propre éclat d'aurore
Que de la goutte grégaire
Qui se noie dans l'air du temps.
Si je dois un jour me dissoudre
Ce ne sera pas
Dans la première flaque de boue
Qui se prend pour l'océan.
J'attendrai la fin de mon temps
Et je plongerai dans l'azur,
Dans ce grand bain de sérénité,
Que j'admirerai comme on admire un père,
Que j'aimerai comme on aime un amant.

DANSE SOUS LES STALACTITES

J'ai retrouvé l'éclat de l'Eden insouciant,
Hier, quand nous marchions, heureux, main dans la main,
Au cœur des sapinières éclairées de blanc,
J'ai oublié le temps, la mort et le Destin.

Dans tes yeux bleus de glace aux reflets d'océan,
Quelques flocons de rêve ont nappé de turquoise
Mes frayeurs de jadis et mes larmes d'enfant,
Tu as cueilli la vie sur mes lèvres framboise.

Puis nous avons dansé sous les chutes endormies
Qui trônaient pétrifiées dans leur robe de givre,
Leurs stalactites grises par-dessus nos vies
Nous ont redit combien il est urgent de Vivre.

TOUT RESSEMBLE AU CIEL BLEU

Tout ressemble au ciel bleu des roses de jadis,
Tout s'éveille dès l'aube à la rosée du jour,
Tout sourit aux nuages des brumes d'essence,
Tout renaît au printemps nouveau de chaque instant
Mais là, je me retourne et je ne les vois pas,
Tous ces êtres précieux que la mort a volés,
Je ne les entends pas
Et la vie me renvoie
Cet écho de silence qui brise mes tympans
De ces absences si brûlantes
Qui entaillent mes artères,
Et me tuent avant l'heure,
Et rongent mon cœur bleu…
Tout est fini ce soir si je repense à eux.

JARDIN DE VIE, JOIE CERISE

Rosissement fleuri de l'espoir,
Rougissement fruité de la joie,
Instant d'éternité,
Eclat de passion,
Peaux parfumées,
Fragrances des regards,
Inoubliable jardin de vie.

CITRON

Un citron ailé boit le soleil d'or des étamines.
Le ciel fruité et vermillon
Flamboie de sa pulpe d'éternité…
Et je plonge à nouveau dans les nuages d'or,
Dans ces passions qu'inventent les « espérants »
Comme pour être un instant plus que jamais vivants
Et refuser de croire que déjà ils sont morts.

LE SECRET CARPE DIEM

Vivre à la fois comme si nous n'allions jamais mourir et comme si nous allions mourir demain.

L'AUBE DE BRAISE, LA VIE EN ROBE D'ESPOIR

Il souffle un vent de liberté sur la rocaille.
L'aube portera sa robe de braise,
La vie sa robe d'espoir.
L'espoir de renaître
Vient ressusciter
Les pépites de l'aube
Des regards de ceux que j'aimais.
Mon cœur saigne d'une lave brûlante.

LES BRAISES DE L'ESPOIR-PHÉNIX

Elle renaîtra l'aurore des braises,
En mémoire de la première aube,
Comme un phénix poignardé.
Le braises de l'espoir
Ramèneront à la vie
Celles de l'aurore,
L'aube renaîtra de ses braises,
L'aurore renaîtra de ses cendres,
Dans sa robe carmin,
Celle de la résistance,
De l'espoir qui flambe
Envers et contre tout.
Les braises,
Dans mon cœur marqué au fer rouge,
Danseront la valse des rêves en chrysalide,
De leurs ailes de papillons et de phénix.

ROBE D'AZUR

Aujourd'hui j'ai mis ma robe d'azur.
Je marche au cœur de l'aurore,
Sensuelle et mugissante,
Murmure de l'écume froissée
Sur la grève silencieuse,
Etoile de l'aube rouge,
Braises étincelantes de l'Eden endormi,
A l'ombre des citronniers
Sur le sable blanc...

BRUME INDIGO

Dans la brume indigo
Se détache un pétale,
Il se pose sur l'eau,
Brille comme une étoile.

Une larme volée,
Un fragment de toujours,
Un bout d'éternité,
Un éternel amour.

C'est l'amour de la vie,
Le secret du destin,
La tristesse infinie
D'un jour sans lendemain.

Les êtres naissent, meurent
Depuis la nuit des temps
Comme les arbres pleurent
Leurs larmes sur l'étang.

Ce rêve m'envahit,
Je me dis, après tout,
Qu'est-ce vraiment que la vie
Sinon un rêve fou ?

SAUVE TES RÊVES

A quoi bon rêver ?
Il y aura toujours un oiseau
De mauvais augure
Pour détricoter les nuages
De tes rêves éthérés.

A quoi bon construire ?
Il y aura toujours un voleur
Pour dérober tes brindilles
Et défaire ton nid.

A quoi bon créer ?
Il y aura toujours le faux ami
Qui dit te soutenir
Mais qui inondera tes soleils
De son flot de jalousie.

A quoi bon aimer ?
Il y aura toujours la mort
En embuscade
Pour t'arracher les aimés.

A quoi bon vivre
Si tout cela doit s'arrêter ?
Que restera-t-il
Des rêves évaporés ?

« Parce que ! », me dit la vie.
Parce que les nuages, les brindilles et les soleils
suffiront à te nourrir,

Parce que tu as bien plus de force en toi que tous ces « sans rêve » qui tentent de détruire ceux des autres,
Parce que la sève de tes rêves coulera dans tes veines jusqu'à la dernière goutte d'espoir.

MANTEAU PARME

Même si je ne crois plus aux chimères anciennes,
Même si j'ai ramassé bien trop de cadavres,
Même si l'éclat de l'espoir
S'est éteint dans trop de regards
Entre mes mains impuissantes,
Même si mon âme
Est lardée de cicatrices
De mes combats contre la mort,
Je repartirai au combat
Demain, dans mon grand manteau parme.
Je me suis habituée
Aux braises qui pavent le chemin,
Aux brumes des hauts plateaux.
Je connais par cœur chaque épine
Des roses des jardins de l'enfer.
La vie coule en mes artères blessées
Comme le torrent fou d'une passion tumultueuse.

ÉPHÉMÈRE

Vivre,
Le temps de quelques sabliers,
Offrir quelques pépites d'étoiles
Au grand tableau de l'art,
Palimpseste immortel
Aux multiples couleurs,
Strates sédimentaires
De mille vies perdues,
De tant d'êtres éphémères
Peintres, poètes enfuis,
Vies déjà écoulées
Dans le désert des morts…
Vivre,
Scintiller comme un grain de sable
Au soleil embrasé
De mille lueurs rousses,
Cueillir quelques sourires
Comme autant de coquillages,
Puis attendre les vagues
Qui viendront nous chercher,
Se laisser emporter
Dans l'océan du temps,
En ayant accompli
Sa part de rêve.

PAR-DELÀ LA BRUME

Dans la brume rosée du réel assoupi,
C'est la vie que je hume à travers ma fenêtre,
L'aube en souliers dorés scintille dans la nuit,
Elle approche dans l'ombre, à pas de loup peut-être.

Je songe à l'infini qui se déploie au loin
Devant l'immensité étoilée des jardins,
Sur la robe bleutée de la Terre brûlante,
Je survole une à une ses courbes saillantes.

Et dans chaque recoin, sous chaque arbre fleuri
Les amants dansent au nom sacré des passions
La valse de l'amour, du rêve et de la vie,
L'aurore est arrivée, j'embrasse l'horizon.

Je me laisse porter par les zéphyrs fous,
Les volutes envoutées du mistral fougueux,
Il gifle mon esprit et caresse mes joues,
Je hume son parfum, je me fonds au ciel bleu.

Et je sais que dans l'air les paillettes du temps
Me relient aux regards de tous les autres êtres
Qui ont cueilli la nuit des brins de firmament
En inspirant la vie au bord de leur fenêtre.

Par-delà l'océan des nuages sans fin,
Il n'y a plus de haine et plus de différences,
Humains ou animaux, ça n'a plus d'importance,
Tous les vivants rayonnent aux portes du destin.

Il n'y a plus de « tu », il n'y a plus de « moi »,
Plus guerre ni violence dans les rues du monde,
Dans les brumes d'Eden où les jasmins inondent
Un souffle mellifère, l'amour est seul roi.

Et les oiseaux de soie dans les vagues d'aurore
S'imprègnent eux aussi des fragrances d'espoir,
On boit l'infini en humant la brume d'or,
Les pépites de vie qui brûlent dans le noir.

SOUFFLE D'ESPOIR

I-

L'heure première a sonné
Entends-tu l'espoir qui souffle sur les monts ?
L'espoir vient de renaître au cœur de l'aube claire,
Entre les flocons frêles qui brillent au sol
Et les gouttes fragiles de la rosée folle
Qui abreuve nos âmes aux portes de l'enfer.

II-

On m'a offert le souffle de cette autre chance
Cet ouragan d'espoir qui m'a sauvée du vide,
J'offre à mon tour au monde un souffle d'espérance,
Une mousson de rêve, en ces terres arides.

Un souffle de soleil et de neige mêlé,
Un souffle d'arc-en-ciel et de foudre brûlante,
Un souffle de passion, de vie, de liberté,
Un souffle d'éphémère aux ailes d'amarante.

Un souffle de « Je t'aime », vite, ici, maintenant,
Un souffle de « Vivons avant la longue nuit »,
Un souffle de « Cueillons la rose du présent »,
Un souffle de nous deux, toi, moi, la poésie.

Un souffle de colombe embrasant le ciel bleu,
Un souffle de fraternité universelle,
Un souffle des vivants solidaires et heureux,
Unis sous le drapeau de l'amour éternel.

Un souffle parfumé aux raisins de l'aurore,
Aux violettes-passion, et à la liberté,
Un souffle d'hydromel qui éloigne la mort,
Qui enivre le cœur de ceux qui savent aimer.

SOURIRE DANS LA NUIT

La nuit n'est rien lorsque l'éclaire un sourire.

TOI DE JAMAIS, TOI DES ÉTOILES

Toi que tous ignorent,
Je sais si fort que tu existes,
Aussi fort que mes larmes ont le parfum des étoiles enfuies.
Ton âme n'est simplement jamais revenue au monde,
Elle sommeille à tout jamais dans un repli de l'espace-temps.

TOI DE JADIS

Tu es passé ce soir, dans un éclair musical et impromptu.
Les chiennes étaient folles de bonheur,
Et moi,
J'avais retrouvé le goût de l'Eden perdu.

PÉPITES D'AURORE

Au temps d'Eden, les grands-mères préparaient des boulettes de poisson. La vie fourmillait. Aujourd'hui la vie manque. Tu me dis qu'il faut remplir les rivières d'or. Le soleil s'en chargera, avec quelques pépites d'aurore.

ROBE GROSEILLE

Viens l'ami, je t'accueille sous ma couverture de nuages,
Je n'ai que quelques pétales de rêve à t'offrir,
Tout juste une gorgée d'espoir,
Délice lacté d'un élixir d'étoiles,
En fusion sous le soleil d'été.

Viens, je t'accueille au creux de mon âme,
Sous les buissons de cassis et les myrtilliers sauvages,
Je me délecterai de la groseille acidulée
Que guette le rouge-gorge aux hivers vagabonds.

OMBRES MARINES

Sur cette plage bleue peinte d'ocre et d'argent,
Les ombres de ma vie défilent dans le sable,
J'aperçois le regard de mon père d'antan,
Celui qui veillait sur son enfant vulnérable.

Il me tendait heureux un coquillage gris
Qu'il venait de cueillir sur la grève fragile,
C'était comme un trésor qu'il offrait à ma vie
Pour me faire oublier les vagues imbéciles

Qui menaçaient déjà tous mes châteaux de cartes
Que l'écume rebelle rendait éphémères,
Et ma mère sculptait des merveilles stellaires
Pour flatter le soleil avant qu'il ne reparte.

Je vois aussi dans l'eau l'ombre bleue de mon frère
Qui riait en flottant sur son petit bateau,
Je revois le sourire doux de mon grand-père
Qui tenait ce bateau minuscule hors des flots.

J'aperçois dans la brume rosée des embruns
Mon tout premier amour qui sautait avec moi
Les vagues déchaînées de nos tristes destins,
Nous étions immortels et fous, sans foi ni loi.

Puis je sèche mes larmes et je sens sur ma peau
Tes mains tendres et chaudes qui soignent mon âme,
Ton regard turquoise et ta peau abricot

Qui réchauffent mon cœur et éteignent mes drames.

Un rayon d'or brûlant se pose sur nos rires,
Nous sabrons le champagne dans la nuit bleutée,
Dans les parfums de fruits sublimant nos délires,
Nous célébrons la vie devant la Voie lactée.

BLEU ÉTERNITÉ

Disparaître
Comme si rien n'avait jamais existé,
Dériver au fil des vagues,
Se laisser porter par le néant,
Par l'immensité bleu outremer de la nuit,
De l'éternité.

COCKTAIL D'ÉTERNITÉ

Quelques rayons d'or
Sur ta peau abricot,
Comme la caresse printanière
D'un souffle d hydromel
Devant les flots argentés.
La douceur de tes mains,
Ta bouche fraîche et salée,
Les embruns,
Qui m'inondent d'iode et de musc,
Dans ce bain d'écume rosé.
Le champagne,
Qui s'écoule en vagues délicieuses,
Une gorgée de crépuscule
Aux saveurs de citron et d'étoiles,
L'air fruité du couchant
Que je bois, que je hume,
Le parfum de la vie
Devant l'éternité.
Jamais d'autre que toi devant le firmament.

FLEURS DES TÉNÈBRES

Le printemps renaît de toutes nos morts
Comme une sève de jouvence.
Il embrase les cicatrices
De nos cœurs en sang
De mille pétales d'aurore
Eclairant les ténèbres et le néant.

REJOINDRE

Ce soir je pars rejoindre
La nature, ma vie, ma liberté, mon amour.

SUIVRE LES ÉTOILES

Si tu es égaré dans la nuit de basalte,
Avance comme un vagabond céleste,
Et les étoiles te guideront.
Si tu ne sais où te désaltérer,
Interroge la rivière, elle t'abreuvera.
Si tu crois que gravir la montagne est impossible,
Crois en toi, fais corps avec la roche,
Grimpe à l'assaut de tes rêves.

PAROLE DE LOUVE

Le blé dore et les générations meurent,
Nous sommes tous ces futurs oubliés
De la vie et du temps,
Nous serons ces coquelicots fanés
Nous aurons brillé l'espace d'un instant.
Que restera-t-il de nos rires,
De nos larmes ?
Je cherche déjà au cœur des boutons d'or
Le souvenir des disparus,
L'écume pailletée des drames.
Je sais que tôt ou tard s'abattra l'éternelle malédiction,
Que les vagues du temps emporteront mes aimés,
Ces héros qui m'éclairent
De leur présence solaire et douce,
Si humble et si puissante.
Alors je redeviendrai cette louve enragée errant au hasard de la nuit,
Je guetterai l'arrivée de la Mort,
Je mordrai dans sa chair infâme,
De mes crocs acérés,
Encore et encore,
Avec passion,
Avec un acharnement démesuré.
Elle et moi, nous mourrons ensemble
Mais en son cœur de pierre s'instillera peu à peu
l'ultime poison.

RENAÎTRE AU MONDE, RENAÎTRE ET HUMER LE MONDE

Renaître au monde,
Avec la rage d'un loup revenant du chaos,
Avec l'émerveillement
D'un enfant qui s'éveille à la vie,
Avec le souffle d'un autre qui vous fait revivre.

Humer le monde
Comme la brume gorgée de soleil après l'orage,
Comme l'air pur qui inonde vos bronches d'un
océan d'aurore,
Comme une bouffée d'oxygène que la vie vous
offre en partage.

Aimer le monde,
Comme une rose blessée qui s'ouvre dans la nuit,
Comme une femme sensuelle avec ses cicatrices,
Comme une étoile éphémère qui brille dans l'air
du soir,
Comme un fruit comme un parfum
Celui des rêves et de l'espoir…

AINSI PARLA LA VIE

La vie parla alors en ces termes :
« Apportez-moi des fleurs séchées, je les
réhydraterai,
Apportez-moi des branches mortes,
Je les ferai renaître au printemps,
Apportez-moi les ténèbres,
Je les remplirai d'étoiles. »
Puis elle passa sa main griffue dans ses longs
cheveux d'ébène,
Elle qui était si belle et lumineuse,
Comme un soleil noir s'apprêtant à affronter sa
jumelle, la Mort.

La vie nous comble mais la mort nous malmène,
elle, cette jumelle maléfique qui s'emploie à
détruire tout ce que sa sœur construit.

DE TEMPS ET D'ESPOIR

Les chars fleuris vont passer,
C'est l'événement du village,
Les collines en ont vu défiler des millions
Depuis toutes ces décennies…
Tout reprend vie,
La vielle centenaire est même sortie pour l'occasion,
On lui a installé une chaise
À l'ombre des platanes.
Les jeunes dames espèrent qu'il y aura quelques beaux pompiers,
Une brise légère berce nonchalamment leurs longs cheveux émergeant en rivière
Des chapeaux de paille tressés.
Les oiseux prononcent leurs chants cristallins,
Le foin dore au soleil,
Tout sent le miel et la lavande…
Quelques coquelicots survivants arborent leurs derniers feux avant de mourir.
Les enfants s'émerveillent et jettent des confettis
Qui chutent au sol inéluctablement comme les grains d'un sablier.
Au loin, le Vercors rit.
Il sait bien que tous vont mourir,
Qu'ils dormiront bientôt
Sous les pierres du petit cimetière,
Là, glacés,
Sous le soleil et les oliviers de Provence.
Ainsi va la vie…
Les générations d'humains

Naissent et disparaissent,
Nous sommes tous des coquelicots,
Mais déjà, sur nos tiges, bourgeonnent les pétales
Des vivants de demain,
Ceux qui poursuivront pour nous la grande histoire
de l'espoir et du temps.
Et toi tu es là, fougueux et insolent,
Nous dansons sur la mort,
Nous piétinons la tombe
De notre Amour roi,
Nous passerons, c'est sûr,
Alors dansons, ma joie !

Nous passerons, mais de nouvelles passions
embraseront bientôt les regards des jeunes
amants.

SOIS LIBRE

Sois libre.
Ne laisse personne s'octroyer
Le droit de vie et de mort sur tes pensées, sur tes idéaux,
Le droit de regard sur ta liberté.
Aie confiance en toi, en tes ressources.
Au nom de quoi, de qui, aurais-tu besoin d'une quelconque approbation pour honorer la vie ?
Les étoiles n'ont nul besoin que la nuit les adoube pour briller.

Sois libre.
Pourquoi, sous prétexte que tu es femme,
Aurais-tu besoin d'un Maître à penser ?
N'es-tu pas aussi initiée que les hommes aux secrets de la création, aux saveurs du cosmos ?

Sois libre.
Laisse ton âme et tes cheveux voler par-delà les nuages
Et tes mots naviguer sur les ailes du vent…

ÉTOILE LIBRE

N'attends ton bonheur de personne
Si tu veux être libre sous le soleil brûlant,
N'attends de personne l'eau vive
Qui te désaltèrera
Dans les déserts de basalte,
N'attends pas la main
Qui t'aidera à gravir
Les rochers de l'impossible.
Sois ton propre sauveur,
Sois heureux de voler par-delà les brumes
Au risque de te brûler les ailes,
Abreuve-toi aux torrents d'espoir
Même si l'eau doit glacer ta bouche et tes entrailles,
Escalade seul les murs de l'impossible,
Si tu tombes, tu auras conquis ta liberté,
Et tu mourras heureux et libre,
Comme une étoile qui s'éteint,
Comme un nuage qui s'évapore.

LES FLOTS DU TEMPS

Le temps s'écoulera dans la vasque de nos vies,
Les souvenir heureux resteront gravés dans
l'écume du temps.
Le temps répandra le désert, il ne t'épargnera pas,
Alors s'il te reste une goutte de cascade, saute à
pieds joints dedans.
Il y a deux catégories d'étoiles : celles qui restent
accrochées à l'infini et celles qui plongent dans
l'océan.
Sois tour à tour l'une et l'autre.

VIS

Vis, comme si c'était la fin des temps,
Comme si tu venais de renaître à la vie,
Comme s'il ne restait que quelques grains
d'étoiles
Pour éclairer tes larmes d'éclats infinis,

Comme si tu cueillais le tout dernier regard,
Comme si tu vibrais du tout dernier amour,
Comme si tu humais la dernière aube claire
Et la brume infusée d'essences de glycines...

Vis,
Tu n'auras pas de seconde chance,
Le drap noir du néant s'abattra tôt ou tard
Sur tout ce qui te faisait croire en ton destin...

Vis,
N'attends pas,
Eteins le feu des guerres,
Toute haine est bonne à fuir.
Vis ta vie, fais l'amour, et brûle tes passions.
Vis plus que jamais, avant que ton temps ne
s'éteigne,
Tes yeux, comme tant d'autres avant toi, se
fermeront un jour,
Savoure à chaque instant la joie d'être encore en
vie :

N'oublie jamais la saveur de l'aube.

Table des matières

À TOUS CEUX… 5

AVANT-PROPOS 7

Libre comme l'art, libre comme l'aube, la plume Amazone 7

I- 9

LES BRAISES DE L'ESPOIR 9

Jadis l'éternité 9

JADIS L'ÉTERNITÉ 11

LES BRAISES DE L'ESPOIR ET DE L'AUBE. 12

ENFANCE EVAPORÉE, BRUME DE TILLEUL
.... 14

SOUFFLE D'AURORE 15

ÉCUME DE TOI 17

LA MÉMOIRE DES FLOTS 19

VENT DE TOI 19

BRAISES DE VIE 21

DESTIN D'AMAZONE... 22

FEMME-OISEAU 23

LA QUÊTE DE SENS 24

AUBE LIBRE 25

CHEMIN DE TOI 27

LES BRAISES DE L'ESPOIR 27

II- 29

UNE AMAZONE CONTRE LA MORT 29
Guerrière de l'ombre 29
L'AMAZONE DE L'ESPOIR, GUERRIÈRE DE L'OMBRE 31
L'ESPOIR DANS LES VEINES 31
UNE BOUFFÉE DE RÊVE 32
DANSE CONTRE LA MORT 33
ROSE ASSOUPIE 35
LA MÉSANGE ET L'ATTENTE 37
SŒUR ALLIÉE, SŒUR DE BRUME 39
ALLIÉS DE VIE 39
LE SAUVEUR DE L'OMBRE 41
BOUGIES DE NUIT 43
EN REVENANT DE LA MORT, LES FLEURS DE L'AUBE 44
CRI DE VIE 45
ÊTRE UNE AMAZONE 47
LE SECRET DES FLOTS 48
NOËL EN GEÔLE BLANCHE 49
HÉROÏNES DE L'OMBRE, AMAZONES DES ABYSSES 50
SŒURS DE COMBAT, MAGICIENNES DE L'ESPOIR 52
PÉPITES D'ENCORE 53
NUIT DES VIES 54

RÉSISTER 55
ACTE DE RÉSISTANCE 55
FLAMME DE L'ESPOIR 56
L'ALTER HÉROS DES ABYSSES 57
III- 59
ÉCUME DE NOUS 59
Au temps de notre Eden 59
ÉCUME DE TOI 61
BRAISES DE MIEL, ÉTINCELLES DE TOI 62
AMI D'IDYLLE, ALLIÉ DE VIE 63
RÉMINISCENCES DE PRINTEMPS 64
BOUTEILLE D'ÉCUME 66
NOS RIRES DORMENT 66
EFFLUVES ROUSSES 67
T'ATTENDRE 68
« TOI »DE BRUME 69
AU TEMPS DE NOTRE EDEN, ÉCUME DE JOIE 70
ÉCLAT DE LUMIÈRE 70
ÉCUME D'ART, PLUME DE LIBERTÉ, LA PLUME AMAZONE 72
N'OUBLIE JAMAIS LA SAVEUR DE L'AUBE 74
CETTE MORT QUI ME TUERA 75
L'AUBERGE D'EDEN 76

IRREMPLAÇABLES 76
EDEN DE NEIGE 77
SOUPE ORANGE 78
ROSÉE D'OR, EDEN ROUX 79
MYSTÈRE D'AMAZONE 80
IV- 83
PASSIONS FILANTES 83
Rose Aphrodite 83
   PREMIER AMOUR, PASSION COQUELICOT 85
   LA NUIT PALPITE 85
   DRAPS DE YIN ET DE YANG 86
   LA PORTE SÈVE 87
   MIRAGE D'UN REGARD (À l'Evan Étoile, muse masculine) 88
   BRUME ENSOLEILLÉE 88
   GRENADE 88
   JEUNE ÉPHÈBE AU ROCHER NOIR 89
   SOLEIL MARIN, VIE LACTÉE 90
   AMOUR 91
   RAISINS DU PRÉSENT, MUSCAT DU RÉEL . 92
   FRÈRE D'ÂME 93
   VIENS 93
   SECRET D'ÉROS 94
   NUIT D'OR 95

MOI DE L'AUBE, TOI DU COUCHANT 96
REVE AZURÉ D'UN NOUVEL ÉPHÉMÈRE ... 96
SÈVE PASSION 96
BAIN DE MINUIT À BABYLONE 97
SOLEIL INTEMPOREL, PRINCE D'ÉMÈSE ... 98
LE SOURIRE D'UN HÉROS 99
REPEINDRE L'AMOUR 100
FLEUR DE POÈTE 101
PASSIONS FILANTES 102
TU DIS QUE TU CHANTES 103
BRUME D'INFINI 103
LENDEMAINS DE FÊTE 104
SOUS LES DUNES BLONDES 105
TON REGARD ME HAPPE 106
L'AMIE DU LAC DESTIN 107
PASSION DE LIBERTÉ, RAGE DE LOUP 108
POUPRE NUIT, BLEU VIE 109
SOUS LA PLUIE SANGUINE 111
LES YEUX DE LA NUIT 112
DE L'AUTRE CÔTÉ DE LA NUIT 114
PÉTALES DE NUIT 115
UN PEU DE SÈVE DANS MON CAFÉ 116
CHAMP DE BLÉ HORS DU TEMPS 116
LES BRAISES DE PASSION 117

RENDEZ-VOUS PRÈS D'UN VOLCAN 118
CERISE D'ABSINTHE 120
BAIN D'ÉTERNITÉ 121
PLUS QUE JAMAIS VIVANTS 121
ÉTERNELLE APHRODITE 122
CERISES BRÛLANTES 122
TERRE D'EAU 123
ROSES D'ESPAGNE 124
JE VOUS ATTENDS 125
NEIGE DE VOYAGE 126
LES CITRONS DE CALABRE 127
AUTRE SOLEIL 128
RIVIÈRE POURPRE 129
LE BAISER DES DAMNÉS 130
FOUDRE D'IMPOSSIBLE 131
ÉCLAIR D'IMPOSSIBLE 132
OASIS ÉVAPORÉE 132
VAHINÉ DES TÉNÈBRES 133
TEMPÊTE D'APHRODITE 134
JE VEILLE DANS LE GIVRE 135
RIVIÈRE PARME 137
V- 139
DANSE CONTRE LE TEMPS 139
Mirage d'Eden 139

PREMIER MIRAGE D'ABSOLU	141
CŒUR DE NEIGE DANS LA BRAISE	144
ROCHES ET RÉMINISCENCES	145
LE CHANT DES PÉTALES	146
ANCIEN ROYAUME	146
ALLIÉS DE TEMPÊTE	147
PÉPITE DE JAIS	147
PAROLE DE MÉTÉORE	148
LA VALSE DES REGARDS	149
FUITE VERS L'AVANT	151
DAMNÉS DE VIE	152
L'ANGE EVAPORÉ	152
ANGE DE VELOURS	153
SOUVENIR DE CROCS	154
VEILLEURS DE VIE	155
BRUME DE NUIT	156
LE CADAVRE DE NOTRE AMOUR	156
QUAND S'ÉTEINDRA L'ESPOIR	157
LARMES D'ICEBERG	158
FLEUR DE TORRENT	159
AUBE BLEUE	159
ÉCUME D'ESPOIR	160
RÉINVENTER L'ESPOIR	161
MIRAGE SUCRÉ	161

ÉTERNELLE NUIT	162
LA VIE GÈLERA NOS CŒURS	163
ELLE AIMAIT REGARDER LES NUAGES	164
SILENCE d'EAU	165
JE NE FAIS QUE PASSER	166
GOUFFRE	166
FLEUR DE COTON	167
À UN TRÈS ANCIEN RÊVEUR	167
ABSENCES	168
À L'OMBRE DE MON ORME	168
MON FRERE, JE TIENS TA MAIN	169
DUEL PASSION CONTRE MORT	170
RÊVE FOU	170
FLAMMES PURPURINES	171
ÉTOILES DE BRAISE	172
PULSION DE VIE, PULSION DE MORT	173
MON ESPRIT D'EAU ET DE FEU	173
OCÉAN D'ART	174
VAGUES DE TOI	175
CHEMIN DE TOI	176
NUAGES DE VIE	176
LES HERBES	177
LA DERNIÈRE HEURE	177
JE DÉFIE LA MORT	178

GEÔLE GLACÉE	179
ABÎME FLAMBOYANT	180
LES PLUS BELLES ÉTOILES SONT CELLES DES RÊVES	181
POÉSIE, MON AMOUR	182
ÉCLATS DE RENAISSANCE	182
VI-	185
L'APOLLON DE L'ESPOIR	185
Dans l'écharpe d'Iris	185
L'APOLLON TURQUOISE, APOLLON DE L'ESPOIR	187
LE SOUVERAIN DE MES NUITS	188
PLONGEON	189
CANTIQUE À L'ANGE TURQUOISE	190
L'AUBE S'ÉVEILLE	193
L'IVRE DE TOI	195
BAL PASSION	196
AMOUR DE MÉTÉORE	197
ÉCRIS-MOI L'AMOUR	197
REGARD D'ABSINTHE	198
FORÊT D'AMARANTE	199
PARFUM DE DÉLUGE	200
AUBE IMMACULÉE	201
MON ANGE DES VAGUES	202

NUIT D'ÉTÉ 203
IDYLLE VAGABONDE 204
ÉTOILE D'OCÉAN 206
NOUS IRONS 207
ON M'APPELLE « ESPOIR » 209
FRUIT DE RENAISSANCE ET D'ESPOIR 210
AMOUR DE MIEL 211
L'APPEL DE LA NUIT 211
NUIT DE TOI 212
TA VIE SERA BELLE 213
NOUS NE MOURRONS PAS 214
SEULS FACE À L'IMMENSITÉ, SEULS DANS L'AZUR 216
COMME UN ÉCHO DE TOI ET MOI 217
À TOI 218
CŒUR D'ORANGE 218
POTION DE VIE 219
FIRMAMENT 220
ÉTOILES SUSPENDUES 221
FEUILLE DE VIE 222
VII- 225
QUE L'ESPOIR EMBRASE LA NUIT 225
Rose humaniste 225
À L'ENCRE D'ESPOIR 227

CONDITION HUMAINE 228
QUELQUES VŒUX DE BONHEUR DANS MA TASSE DE CAFÉ 229
LE SOIR ÉCLATE, ÉCARLATE 230
REFUGE DE BRUME 231
L'ESPOIR VAINCRA 232
ROSE INDOMPTABLE 234
UN RÊVE S'ENVOLE 235
IL Y AURA TOUJOURS 236
RIVIÈRE DE CASSIS 237
DANS DES YEUX D'ENFANT, POUSSIÈRE D'ÉTOILE 238
ROSE HUMANISTE 240
MA PART POUR LA FRATERNITÉ 241
SŒUR DU VIVANT 242
ROSE PARME, ROSE DES DIFFÉRENCES ... 243
LA COLOMBE PHÉNIX 245
REGARDS D' ÉTOILES 245
N'ATTENDEZ PAS POUR VIVRE 246
SOURIRE 247
LES PORTES 248
ULTIME DÉVOUEMENT 249
J'AI VU S'ÉTEINDRE 250
UTOPIE 252

- UNE AMAZONE CONTRE LA MORT 252
- HÉROS DE NUIT 253
- MORTS POUR LEUR DIFFÉRENCE 254
- PIERRES SANGUINES 255
- BICHE, ÉCLATS DE PLOMB 256
- ÉCLATS DE VIE 257
- LOUVE DE L'AUBE 258
- ÂMES GRUYÈRES 259
- LES ESCARGOTS DE LA GLOIRE 260
- IDÉAL 261
- DÉESSES MORTELLES 262
- LIBRE COMME L'ART 263
- VÉNUS DE RIVIÈRE 264
- PAROLE DE PANTHÈRE 265
- HOMMES 266
- RAGE DU MONDE 268
- PASSIONS POURPRES 269
- OPTIMISTE 270

VIII- 273

L'EDEN DE L'ESPOIR 273

Libre comme l'aube 273

- MA LIBERTÉ, MA NATURE 275
- MOULE 275
- REINE DE NUIT 276

LES PÉTALES DU TEMPS	277
RÊVE À JAMAIS VIVANT	278
NUAGE FUGACE	279
LAGON DE LIBERTÉ	279
CRINIÈRE AU VENT	280
L'AMAZONE LIBRE	281
LIBRE COMME AMOUREUSE	281
PLUMES DE SÈVE, IRIS BORÉAL	282
IL RESTERA QUELQUES REGARDS	284
MA PART DE NUIT	285
LA MÉMOIRE DES ROCHERS	286
ECUME PÉCHERESSE	287
ÉTOILE D'OCÉAN	287
FRUITS DE L'AUBE, CERISES DE L'ESPOIR	288
PETIT SOLEIL	289
ÉTAMINES D'ÉTOILES	290
PETIT ANGE	290
PETITE FLAMME	291
COCKTAIL DE JOIE	292
FRUITS DE MIEL	293
AMANDES DE JAIS	294
OSMOSE DE YIN ET DE YANG	295
MIRAGE D'EDEN	295

TERRE PARME	296
ÉCUME BORÉALE	297
ÉCLAT DE LUNE	298
ESPOIRS CITRONNÉS	299
TERRE D'ESPOIR	300
LE COQUELICOT ICARE	300
ÉVEIL DOUX	301
INEFFABLE	302
FRAÎCHEUR D'ESPOIR	303
RENAÎTRE	304
JEUX D'ÉTOILES	305
EN MEUTE	306
GRAINS D'INSOUCIANCE	307
DÉLIRE D'ORANGE	307
AUBE DE PÊCHE	308
LE RÊVE DES JONQUILLES	309
IL NE RESTERA RIEN	310
SÈVE ÉMERAUDE	311
AU LAC DE L'EMBARCADAIRE	312
HORS SENTIER	312
FAILLE VIOLETTE	312
N'APPARTIENS QU'À TOI	313
INDOMPTABLE, JE N ÉTEINDRAI PAS.	314
À JAMAIS INDOMPTABLE	315

GOUTTE DE ROSÉE	316
DANSE SOUS LES STALACTITES	317
TOUT RESSEMBLE AU CIEL BLEU	318
JARDIN DE VIE, JOIE CERISE	318
CITRON	319
LE SECRET CARPE DIEM	319
L'AUBE DE BRAISE, LA VIE EN ROBE D'ESPOIR	319
LES BRAISES DE L'ESPOIR-PHÉNIX	320
ROBE D'AZUR	320
BRUME INDIGO	321
SAUVE TES RÊVES	322
MANTEAU PARME	324
ÉPHÉMÈRE	325
PAR-DELÀ LA BRUME	326
SOUFFLE D'ESPOIR	328
SOURIRE DANS LA NUIT	330
TOI DE JAMAIS, TOI DES ÉTOILES	330
TOI DE JADIS	330
PÉPITES D'AURORE	331
ROBE GROSEILLE	331
OMBRES MARINES	332
BLEU ÉTERNITÉ	334
COCKTAIL D'ÉTERNITÉ	334

FLEURS DES TÉNÈBRES	335
REJOINDRE	335
SUIVRE LES ÉTOILES	336
PAROLE DE LOUVE	337
RENAÎTRE AU MONDE, RENAÎTRE ET HUMER LE MONDE	338
AINSI PARLA LA VIE	339
DE TEMPS ET D'ESPOIR	340
SOIS LIBRE	342
ÉTOILE LIBRE	343
LES FLOTS DU TEMPS	344
VIS	345